INHOUD

Hi! Wat vind ik dit spannend en bijzonder. Mijn allereerste, en ik hoop niet enige, boek. Vroeger was dit altijd een van mijn dromen en wilde ik na het verslinden van alle boeken van bijvoorbeeld Francine Oomen en Carry Slee, kinderboeken gaan schrijven. Mijn plan was om journalistiek te gaan studeren. Alleen dat liep een beetje anders. Hoe dat liep, kun je lezen in dit boek, maar ook over de aanloop tot mijn huidige carrière, dingen over mijn familie en je zult een hoop foto's van vroeger zien. Ik vond het schrijven van een boek een stuk moeilijker dan ik had verwacht. Vroeger schreef ik sowieso echt notitieboekjes vol met verhaaltjes over wat ik die dag had gedaan, wie ik op dat moment leuk vond of welke les ik het meest interessant had gevonden. Nu ik in een wereld leef waarin video eigenlijk centraal staat, heb ik lang geen stukjes meer geschreven. Toch weerhield dat me er niet van alsnog deze kans aan te grijpen en een boek uit te brengen. Ik ben er enorm trots op, en het is misschien een van de weinige dingen die ik heb gedaan waar ik zelf zo trots op ben. Wel vind ik het enorm lastig om de knoop door te hakken en te denken: Oké dan is dit het boek en kunnen we niet meer terug. Want iedere keer dat ik het lees, wil ik een bepaalde zinsopbouw weer anders, maak ik andere woordkeuzes of twijfel ik of ik 'dit' wel in het boek moet zetten. Op een gegeven moment heb ik dat proberen los te laten en het eigenlijk te bekijken zoals mijn YouTubekanaal. Het is een momentopname. Dit is hoe ik nu in het leven sta en wat ik nu te vertellen heb. Met sommige video's op mijn YouTubekanaal ben ik het ook totaal niet eens, maar op het moment dat ik ze filmde, stond ik wel zo in het leven en daarom heb ik er ook voor gekozen nooit iets te verwijderen, ook al sta ik er nu niet meer achter. Ik denk dat het enorm menselijk is zo door het leven te gaan en je erop let omdat ik alles vastleg. Iemand die niet alles vastlegt, maar een foto van vijf jaar geleden terugziet, vraagt zichzelf waarschijnlijk ook af wat voor kleding hij of zij toen in hemelsnaam aanhad.
Misschien heb ik de dag dat dit boek in de winkels ligt wel spijt van de dingen die erin staan of op welke manier ik ze heb opgeschreven, maar dat is dan maar wat het is. Ik ben dankbaar dat ik het überhaupt heb kunnen maken en wil daarbij in het bijzonder mijn uitgever Kosmos, Alies en mijn manager Stanley bedanken. Zonder jullie was het nooit geworden wat het nu is. ◆

Monica

VOOR WOORD

Allereerst, wat onwerkelijk dat je mijn boek nu in je handen hebt. Dit is een van mijn dromen geweest die nu toch echt werkelijkheid is geworden. Ik heb geen idee wie dit nu leest, maar laat ik beginnen met iets over mezelf te vertellen. Mijn naam is Monica en ik ben nu iets langer dan twee jaar eigenaar van mijn eigen YouTube-kanaal. Op mijn kanaal plaats ik bijna iedere dag een video over wat ik doe in mijn dagelijks leven. Er is bijna geen sterkere vorm van zelfreflectie. Ondanks dat ik natuurlijk niet alles film kan ik ieder moment vanaf dat ik ben gaan filmen terugzien. Eigenlijk is dat best gek maar ook bijzonder en vooral leuk omdat ik zo kan zien dat ik in de afgelopen twee jaar best wel wat ben veranderd en ook een stuk volwassener ben geworden. Ik merk dat ik steeds meer zelf beslis hoe ik wil dat dingen in mijn leven gaan. Ik doe steeds minder dingen om alleen anderen te pleasen ten nadele van mezelf. Het is mijn leven en ik bepaal zelf hoe dat verloopt.

Tot twee jaar geleden was ik eigenlijk altijd ongelukkig en soms depressief. Vanaf het moment dat ik naar de middelbare school ging, zat ik niet lekker in mijn vel. Ik had het idee dat ik altijd iets moest doen waar ik het nut niet van inzag. Terwijl iedereen om me heen bezig was met zijn of haar toekomstbeeld, heb ik dat nooit gehad. Ik was erg onzeker over waar ik goed voor was en wat ik überhaupt toe te voegen had aan het leven. Door het vloggen is hier verandering in gekomen. Ondanks dat ik een groot deel van mijn privacy heb ingeleverd ben ik ontzettend blij dat ik hier ooit mee ben begonnen. Vloggen heeft mijn leven in twee jaar tijd enorm veranderd, grotendeels op veel positieve manieren. Het feit dat ik nu iets doe waar ik plezier uit haal en waarmee ik dingen bereik waar ik zelf trots op kan zijn, is me heel veel waard.

Ik vertel mijn verhaal omdat ik hoop dat anderen er iets aan zouden kunnen hebben. Graag zou ik willen laten zien dat je niet altijd een toekomstvisie hoeft te hebben. Ik denk dat heel veel kinderen niet weten wat zij later precies willen gaan doen. En al zou je dat wel weten, dan kunnen er natuurlijk altijd dingen gebeuren die je van tevoren niet hebt bedacht of kunt bedenken.
Ondanks dat ik me wel vaak zo heb gevoeld na het niet afmaken van verschillende scholen en opleidingen, ben je geen hopeloos geval als je niet precies weet wat je wil. Ik heb het gevoel dat als je in deze tijd niet presteert zoals dat op school van je wordt verwacht, je meteen gezien wordt als een *loser* van de maatschappij. Ik heb echt een stronthekel aan zweverig gepraat, maar het is zoveel belangrijker dat je iets doet wat je leuk vindt. Het is jouw leven waar jij het allerbeste van moet proberen te maken, klaar. ◆

TOEN

[redacted]

> 'Ik zou mezelf graag een andere naam hebben gegeven'

◆ JONGENSMEISJE

I

Ik ben op 27 maart 1995 als Monica Rosanne Irene Quirine Geuze in het ziekenhuis van Zwijndrecht geboren. Irene is een vernoeming naar mijn oma van moeders kant. De andere drie namen vonden mijn ouders, helaas voor mij, gewoon mooi. Zelf denk ik daar redelijk anders over; ik hoor de naam Monica iets te vaak terug tijdens 0906 reclames waarbij een zwoele stem je vraagt je postcode plus AAN te sms'en voor geile parkeerseks bij jou in de buurt. En over Quirine kan ik alleen maar blij zijn dat het mijn vierde en niet eerste naam is. Ik had het slechter kunnen treffen, maar ik zou mezelf toch graag een andere naam hebben gegeven.

Mijn moeder woont nog steeds in mijn ouderlijk huis, een gele bakstenen rijtjeswoning in een woonwijk in Hendrik-Ido-Ambacht. Aan het einde van de straat lag mijn basisschool, de Bron.

Ik heb heel goede herinneringen aan mijn kindertijd. Als ik aan mijn jeugd terugdenk heb ik echt niks te klagen en ik ben ook nooit wat tekort gekomen. In onze buurt waren veel kinderen om mee te spelen en ik was altijd buiten. Verstoppertje spelen, naar de skatebaan, voetballen, het maakte me niet zoveel uit wat we deden, als ik maar buiten was.

Ik was heel anders dan mijn broer Matthijs, die meestal binnen zat. Hij is twee jaar ouder dan ik en we zijn compleet verschillend. Matthijs was vaak druk met zijn schoolwerk of met gamen. We speelden weinig tot nooit samen maar twee jaar leeftijdsverschil is als kind nogal wat, dus ik heb dit nooit raar of jammer gevonden.

Ik was echt een jongensmeisje en poppen en make-up interesseerden mij niets. Het liefst speelde ik met jongensspeelgoed en er hoefde niemand met Barbies in mijn buurt te komen. Dat wist de hele familie, tenminste, dat dacht ik. Ik was dan ook aardig teleurgesteld toen mijn opa mij voor mijn verjaardag een Barbie gaf.

'In mijn herinnering heb ik altijd geroepen liever een jongen te willen zijn'

Hierdoor raakte ik zo overstuur, dat ik het hoofd van de Barbie eraf knipte en huilend naar mijn kamer rende. Puur uit onbegrip en teleurstelling, niet uit verwendheid. Ik kon niet begrijpen dat mijn eigen opa nooit had gemerkt dat ik niet van meisjesdingen hield. In mijn herinnering heb ik altijd geroepen liever een jongen te willen zijn. En heel af en toe lijkt me dat ook nu nog steeds een stuk makkelijker.

De opa en oma die het dichtst bij ons in de buurt woonden en bij wie we vaak op bezoek gingen, waren de ouders van mijn moeder. Ze zijn Indonesisch en mijn moeder Patty is in Jakarta geboren. Als tweejarige peuter is ze met mijn opa en oma uit Indonesië naar Rotterdam verhuisd. Mijn moeder komt uit een gezin met vier zusjes en een broer. Haar jongste zusje woonde met haar gezin vlak bij ons in het dorp.

OMA

Het was voor mij vanzelfsprekend dat mijn opa en oma vaak in de buurt waren, en ik kan me herinneren dat ik het heel fijn bij ze vond. Ik wilde altijd graag bij ze logeren en dan vooral om naar de kaptafel van mijn oma te kijken. Ondanks dat ik als jong meisje totaal niet bezig was met uiterlijke verzorging vond ik de slaapkamer van mijn oma indrukwekkend. Ze had een enorme kaptafel vol make-up en vooral veel flessen Elnett haarspray van L'Oréal. Bij de geur van Chanel No5, gemixt met Elnett haarspray, denk ik meteen aan mijn oma. Ze was continu bezig met haar uiterlijk, droeg altijd make-up, ging de deur niet uit zonder geföhnd haar en had voor ieder mantelpakje een bijpassend paar hakken.

Mijn vader Martin komt uit een streng gereformeerd gezin en is opgegroeid in het Zeeuwse Middelburg. Hij is de enige van zijn familie die niet meer gelovig is. Vergeleken met mijn andere opa en oma was dit een wereld van verschil en we waren hier een stuk minder vaak. De herinneringen die ik hieraan heb zijn een klok waar een vogeltje uitkwam als het een heel uur was, de enorme Bijbel die op tafel kwam voordat we gingen eten en het Perzische kleed dat diende als tafellaken. Als ik er nu zo aan terugdenk, waren die bezoekjes altijd behoorlijk awkward, maar achteraf kan ik erom lachen. Er vielen letterlijk stiltes van vijf minuten waarin alleen een beetje werd gekucht en gezucht. Ondanks dat ik er nu met een glimlach op terugkijk, weet ik dat ik vroeger nooit heel enthousiast was als we een bezoekje aan Middelburg brachten. Opvallend genoeg is mijn broer later in Middelburg gaan studeren en heeft hij op latere leeftijd alsnog een goede band met mijn opa en oma uit Zeeland opgebouwd.

'Bezoekjes aan mijn opa en oma waren altijd behoorlijk awkward, misschien vind ik daarom dingen vandaag de dag niet zo snel ongemakkelijk'

◆ VADERSKINDJE

Hoewel ik dus niet per se close was met zijn kant van de familie, was ik dat wel enorm met mijn vader. Ik was zijn favoriet en als ik maar met hem mee kon vond ik alles prima. Als ik moest kiezen met wie ik meeging om iets te doen, koos ik altijd voor mijn vader. Mijn vader zat in de verzekeringen en zijn kantoor was boven de Koopgoot in Rotterdam gevestigd.
Als klein meisje liep ik soms tijdens mijn vakantie weleens een dagje mee. Ik vond het heel fijn om bij mijn vader op zijn werk rond te hangen en toen ik een stuk ouder werd heb ik er als vakantiebaantje twee zomers zelf gewerkt.
In groep zeven en acht was het mijn vader die met de klas meeging op kamp. Wat ik me ook nog goed kan herinneren is dat ik vroeger niks meer haatte dan de zwemles. Op een gegeven moment was er een dag waarbij je een van je ouders mee mocht nemen naar zwemles. Ik wilde natuurlijk niets liever dan dat mijn vader zou komen, maar mijn vader wilde dat ik daar iets voor deed. Mijn grootste angst tijdens de zwemles had ik voor 'het gat'; een zeil met een gat erin dat onder water werd gehangen en waar je doorheen moest zwemmen. Ik begon al te janken als ik zag dat het zeil in het water werd getild want het lukte me vrijwel nooit om erdoorheen te zwemmen. En juist nu stelde mijn vader als eis dat hij alleen naar de kijkdag zou komen als ik door het gat kon zwemmen. Hoe hard ik het ook probeerde, helaas lukte het me niet en ik barstte al in tranen uit voor ik überhaupt boven water was.
Ik wilde zo graag dat mijn vader naar die dag zou komen en nu had ik het voor mijn gevoel voor mezelf verpest. Toen de kijkdag aanbrak, nam iedereen zijn of haar vader of moeder mee en wist ik dat mijn vader niet zou komen. Maar, en dit moment vergeet ik nooit meer, vlak voor aanvang van de zwemles keek ik naar de ingang en daar stond mijn vader! Ondanks

onze afspraak was hij alsnog gekomen en ik was het gelukkigste meisje van de wereld. Op de een of andere manier heb ik altijd heel sterk gevoeld dat mijn vader er altijd voor me zou zijn. Zelfs het moment waarop ik voor het eerst op het potje had geplast en mijn vader mij vertelde hoe trots hij op me was, kan ik me nog als de dag van gisteren herinneren.

'Als ik moest kiezen met wie ik meestal iets te doen, koos ik altijd voor mijn vader'

KLEUTERFEEST MET JEREMY ALS KABOUTER. IK ZIT LINKSONDER

Mijn moeder werkte ook fulltime. Ze had verschillende banen, zoals achter de balie in een ziekenhuis of bij de administratie van een woningbouwvereniging. Ik vond het helemaal niet raar of vervelend dat mijn moeder na school niet met thee en koekjes op me zat te wachten. Sterker nog, op de dagen dat het wel zo was had ik daar niet eens echt behoefte aan. Wel vond ik het vervelend dat ik tijdens de pauzes moest overblijven en na school naar de buitenschoolse opvang moest. Ik had er een hekel aan als andere moeders me vertelden dat ik mijn boterham moest opeten want dan dacht ik: wie ben jij om me dat te vertellen? Ik wil lekker naar mijn eigen huis en ik kan heus wel voor mezelf zorgen!

Al vanaf jonge leeftijd had ik een redelijk sterke drang om zelfstandig te zijn.

Een van de beste vriendinnen van mijn moeder woonde vlak achter ons. Ze kenden elkaar van de zwangerschapsgym en haar zoon Jeremy was in dezelfde week geboren als ik. Hij was mijn beste vriendje en geregeld at ik tussen de middag bij hem.

We speelden vaak vader en moedertje, en zijn kleine zusje Joyce deed dan ook mee. Rond groep vier kwam ik bij Shanice in de klas en zij is tijdens mijn gehele basisschoolperiode mijn beste vriendinnetje geweest.
Op de momenten dat ik thuis was, zat ik vaak op mijn kamer achter mijn bureau. Ik hield dagboekjes bij, schreef gedichten en verhaaltjes. Deze boekjes heb ik nog steeds en bewaar ik in een grote doos. Sporten deed ik ook; ik zat op hockey en heb ook even getennist, maar dat duurde niet zo lang. De vader van Shanice was eigenaar van een Tang Soo Do-school, een Koreaanse verdedigingssport. Shanice was daar al van jongs af aan mee bezig en tegenwoordig neemt ze met haar zwarte band deel aan toernooien. Shanice en ik waren eigenlijk altijd samen en daarom heb ik ook een tijdje aan Tang Soo Do gedaan. Tot ik er weer klaar mee was en besefte dat ik het misschien toch niet zo leuk vond, haha. Aan mijn vriendschap met Shanice heb ik heel leuke herinneringen. We vertelden elkaar alles en zaten hele dagen na school op MSN te chatten. Ze woonde een straat achter mij dus als we niet zaten te msn'en waren we wel bij elkaar thuis.
Ik weet nog goed hoe we ooit een boekje maakten met een Try Before You Die-lijstje. We zaten toen volgens mij in groep zeven of acht. Op nummer één stond bij elkaar logeren zonder dat de ouders waarbij je ging logeren ervan wisten. Nou, dat hebben we geweten. Shanice vroeg aan haar ouders of ze bij mij mocht slapen en dat mocht,

'Ik hield dagboekjes bij, schreef gedichten en verhaaltjes. Deze boekjes heb ik nog steeds en bewaar ik in een grote doos' dus ik pakte alle verhuisdozen van zolder, stopte ze vol onzin en zette ze voor mijn bureau neer zodat Shanice zich daarachter kon verstoppen. Nog voordat mijn ouders van hun werk thuiskwamen (het was tijdens een schoolvakantie) ging Shanice achter de verhuisdozen onder mijn bureau zitten. Dit moest ze volhouden tot mijn ouders naar bed zouden gaan. Het duurde tot een uur of elf toen mijn vader pas mijn kamer binnenkwam om me welterusten te wensen. Hij bleef net als altijd heel lang op de rand van mijn bed zitten en kriebelde me in slaap.

Deze keer kon ik natuurlijk niet echt in slaap vallen want Shanice zat nog onder mijn bureau. Mijn moeder was altijd tot laat wakker en ging nooit voor twee of drie uur naar bed. Na al die uren opgekropt onder mijn bureau was Shanice redelijk verzuurd en blij dat ze eindelijk bij mij in bed kon komen liggen. Helaas stond de wekker alweer om een uur of zeven, want anders zouden mijn ouders haar alsnog zien als ze mij gedag kwamen zeggen om naar hun werk te gaan. Toen mijn ouders de volgende ochtend naar hun werk waren gegaan, kon ze weer onder mijn bureau vandaan komen en waren wij in de veronderstelling dat onze missie zonder problemen geslaagd was. Toch kreeg dit verhaal nog een iets andere wending.

'Twee (!) weken huisarrest. Mijn moeder kende geen genade'

Aan het begin van de vakantie was er altijd als afsluiting van het schooljaar een eindfeest. Na de logeeractie verschenen Shanice en ik opgewekt op het eindfeest, maar al snel kwam daar een einde aan. Onze moeders belden zo af en toe met elkaar, zo ook op die dag. De moeder van Shanice had mijn moeder gebeld om te vragen of we 's nachts nog veel herrie hadden gemaakt. Mijn moeder vroeg zich af waar ze het over had aangezien ze niet wist dat Shanice bij ons geslapen had. Bij de moeder van Shanice begonnen de alarmbellen te rinkelen toen ze erachter kwam dat haar twaalfjarige dochter niet had geslapen op de plek waar ze gezegd had te slapen.

Het hele dorp werd ingelicht en we werden verplicht meteen naar huis te komen. Ik moest direct met mijn ouders mee naar boven en in de woonkamer werd Shanice door haar ouders ondervraagd. Probeer dan maar eens weg te komen met je Try Before You Die-boekje en deze achterlijke opdracht. Het verklaarde wel waarom ik ineens random zeven verhuisdozen voor mijn bureau had gezet. Uiteindelijk kwam ik weg met twee (!) weken huisarrest. Mijn moeder kende geen genade.

Vanaf groep drie ging ik wekelijks naar de theaterschool en zowel mijn ouders als mijn broer vonden dat een goed idee. Ik had er niet veel mee en ging er puur heen omdat zij mij voor die school hadden aangemeld. Omdat ik er zo toe gedwongen werd heb ik er nooit een moment echt van genoten. Sterker nog, tot aan groep acht ben ik de school ieder jaar meer gaan haten. Ik zat op zangles terwijl ik helemaal niet goed kan zingen, kreeg dansles terwijl ik daar ook geen wonder in was en toneelstukjes opvoeren met kinderen die ik niet kende stond ook echt niet boven aan mijn lijstje van favoriete activiteiten. Ik zou willen dat ik me toen had gerealiseerd dat ik er niet van hou om geforceerd te worden iets te moeten doen. Waarschijnlijk had dat een hoop ruzie en ellende gescheeld, want ik gedroeg me nu alleen maar als een opstandige puber richting mijn ouders terwijl ikzelf ook niet echt kon verklaren waarom. Hoewel ik een fijne jeugd heb gehad, waren mijn ouders toch redelijk streng en ik deed vaak wat zij wilden. Zo zat de tienerdisco er voor mij echt niet in en alcohol drinken voor mijn zestiende was al helemaal een no-go.

Naarmate ik ouder werd ben ik hier enorm in veranderd en heb ik eigenlijk alles gedaan wat mijn ouders niet wilden. Voordat we naar een hockeyfeest gingen, dronk ik rustig loei ordinair onder het viaduct met mijn vriendinnen een fles Safari leeg, en ik liep regelmatig weg van huis.

Op de middelbare school werd dit erger en werden er flessen alcohol uit de tas gehaald voor tijdens het tussenuur. Het was natuurlijk rete stoer om dronken in je les Duits te zitten. Mijn moeder dronk nooit, maar mijn vader had een prima drankcollectie bij ons thuis, en zo af en toe verliet ik het huis met een flesje Black Label.

Het jongensmeisje verdween langzaam en ik begon steeds meer interesse te krijgen in uiterlijke verzorging. Samen met Shanice keek ik naar tutorials op YouTube. We keken vooral naar Michelle Phan die vertelde hoe je van cellulitis af kon komen door gemalen koffiebonen over je benen te wrijven. Mascha Feoktistova van Beautygloss vertelde ons dan weer hoe je je haar kon krullen met een stijltang of hoe je een ooglook maakte met de kleuren die in je T-shirt terugkwamen.

'Op de middelbare school werden er flessen alcohol uit de tas gehaald voor tijdens het tussenuur'

'De verplichting dat het gezellig moet zijn, vind ik echt vreselijk

LINKS MATTHIJS, RECHTS JEREMY EN IK IN HET MIDDEN, SPELEND IN DE TUIN VAN JEREMY

◆ IDEAAL GEZIN

De feestdagen vierden we altijd met het gezin, familie en vrienden. Op mijn verjaardag gaf ik een kinderpartijtje en in het weekend kwam de familie langs. Sinterklaas vierden we met het gezin van Jeremy.

Nog steeds komt de hele familie van mijn moeder met Kerstmis bij ons thuis. Mijn moeder zorgt dan voor het hoofdgerecht en mijn tantes en nichten brengen ook ieder een gerecht mee.

Toen ik in groep vijf zat overleed op tweede kerstdag mijn opa van mijn moeders kant, mijn oma was een jaar eerder overleden. Het overlijden van mijn opa heeft het gezellige gevoel dat ik vroeger bij kerst had voorgoed veranderd. Het liefst vertel ik iedereen dat ik druk ben om vervolgens in mijn eentje in bed te gaan liggen. De verplichting dat het gezellig moet zijn, vind ik echt vreselijk.

Het is niet dat ik totaal niet van gezelligheid hou, maar ook hier geldt weer dat als het geforceerd moet, het voor mij niet hoeft en ik er niet van kan genieten.

Ik kan me nog goed herinneren hoe rot de periode was rond het overlijden van mijn opa en oma. In de periode dat het slechter ging met mijn opa zaten we veel in de auto van Hendrik-Ido-Ambacht naar Rotterdam. Er werden toen alleen maar kerstliedjes op de radio gedraaid en tot op de dag van vandaag krijg ik een naar gevoel als ik kerstliedjes hoor. Eigenlijk heb ik dit ook met oud en nieuw of bijvoorbeeld Valentijnsdag. Ik kan niet helemaal plaatsen waarom ik hier zo'n afkeer tegen heb, maar hoe geforceerd is die shit? Stel dat je vriendje op die dag voor de deur staat met

'In groep acht kreeg ik een kaart op Valentijnsdag. Uit puur ongemak bleef ik maar ratelen hoe lelijk de hartjes getekend waren'

een bos rozen. Dan weet je toch ook dat hij dat alleen doet omdat het Valentijnsdag is. Het is zo geforceerd dat ik de ongemakkelijkheid ervan gewoon niet aankan. Ooit kreeg ik in groep acht op Valentijnsdag een kaart in mijn laatje met de vraag of ik iemands Valentijn wilde zijn. Uit puur ongemak bleef ik maar ratelen hoe lelijk de hartjes op de kaart getekend waren, niet wetende dat de jongen die mij de kaart had gestuurd tegenover me in mijn groepje zat. Pas een halfjaar later heeft hij me op MSN durven vertellen dat de kaart van hem was en kon ik echt door de grond zakken.

De vakanties met het gezin waren altijd leuk en we hebben redelijk wat van de wereld gezien. De oudste zus van mijn moeder was met haar gezin naar Australië geëmigreerd en we zijn daar twee keer langs geweest. Ik vond Australië echt geweldig en vroeger had ik nog het idee om zodra het kon naar de Australische kust te emigreren. Later ben ik daar, obviously, op teruggekomen. Wonen in een ander land lijkt me nu namelijk helemaal niet zo makkelijk meer als het me vroeger leek. Buiten dat kan ik al emotioneel worden als ik terugkom van vakantie en me realiseer hoe goed alles in Nederland geregeld is.

Naast de vakanties in Australië, zijn we ook een paar keer met vrienden van mijn ouders en hun kinderen gaan kamperen in Frankrijk. Na iedere ochtend een lading kikkers in je face te krijgen bij het openen van de tent, kwamen we tot de conclusie dat dit misschien niet het type vakantie was dat voor ons was weggelegd.
De laatste vakantie die we als compleet gezin maakte, was een roadtrip door Amerika. In drie weken zijn we van New York naar Las Vegas gereden. Helaas zat ik toen in mijn ultieme puberfase en gedroeg ik me zo opstandig als het maar kon. New York vond ik supervet, van Canada raakte ik enorm onder de indruk, en Los Angeles en Las Vegas waren de tofste plekken waar ik ooit was geweest. Ik had er alleen niet bij stilgestaan dat je tussen de toffe plekken aan de kust ook gewoon een aantal eindeloze dagen door de woestijn rijdt. Als je dan met zijn vieren constant in dezelfde ruimte bent, terwijl het ook nog eens belachelijk heet is, lopen de spanningen vanzelf af en toe hoog op. De dag dat het hele gezin ook nog eens luizen opliep door een goor hostel midden in de woestijn, was het natuurlijk al helemaal feest. Na een aantal dagen behandelingen met zulke hardnekkige luizenshampoo dat het gewoon pijn deed om je haar ermee te wassen, waren we er weer vanaf. Mijn favoriete herinnering aan die vakantie is wel het moment waarop ik bij mijn broer in zijn nek piste. Ik zat op zijn schouders in het zwembad en schoot zodanig in de lach dat ik het niet meer in kon houden.
Ieder jaar in augustus, een week voor de verjaardag van Matthijs, lieten mijn ouders door een fotograaf in Rotterdam een foto van het gezin maken. De foto's hingen naast de trap en hoe verder je naar boven liep, hoe ouder je ons zag worden. Op de eerste foto's was ik nog niet geboren en daarna zag je me vanaf baby tot, ik denk een jaar of zeventien. Op de foto's zie je een hecht gezin zonder bijzonderheden en zo voelde dat ook altijd voor me.

'Op de foto's zie je een hecht gezin zonder bijzonderheden en zo voelde dat ook altijd voor me'

◆ SCHOOL

◆ Q&A #7

‘Als ik mijn leven over zou mogen doen, dan zou ik toch beter mijn best doen op de middelbare school. Want hoewel ik werk doe waar je geen diploma voor nodig hebt, is het wel lekker om een diploma als back-up te hebben.’

'Iedereen dacht: Monica gaat vast havo of vwo doen, net zoals haar broer, en daarna gaat ze studeren. Het liep anders'

Op mijn YouTube-kanaal plaats ik af en toe ook een andere video dan een vlog. Zo plaats ik soms Q&A's, wat staat voor Question and Answer, en in die video's geef ik antwoord op welke vraag me dan ook maar gesteld wordt via social media. Bovenstaande quote is een antwoord dat ik gaf op de vraag wat ik in mijn leven over zou doen als ik de kans kreeg. Ik denk dat mijn antwoord op die vraag altijd zal blijven dat ik graag een diploma naast mijn vmbo-t-diploma had gehaald. Op de basisschool was ik een makkelijk, rustig kind. Iedereen dacht: Monica gaat vast havo of vwo doen, net zoals haar broer, en daarna gaat ze studeren. Het liep anders.

Tot groep acht zat ik wekelijks op de theaterschool, en op een gegeven moment waren ze vanuit die school een havo/vwo gestart. Het leek mijn ouders een goed idee als ik daarnaartoe zou gaan. Je had drie richtingen: film, vormgeving en theater. Omdat mijn ouders inmiddels wel in de gaten hadden dat ik theater niet echt heel leuk vond, ging ik de richting vormgeving doen. Dit betekende acht uur in de week knutselen en tekenen buiten je reguliere lesuren om. Achteraf gezien had ik veel liever de filmrichting gedaan, maar dat wist ik toen nog niet.

Ik heb het mijn ouders destijds heel erg kwalijk genomen dat ze me naar deze school in Rotterdam hebben gestuurd. Ik had wel twintigduizend keer aangegeven dat ik die school echt niet leuk vond, maar mijn ouders waren ervan overtuigd dat het een goede keuze voor mij was. De selectieprocedure was heel streng en doordat ik daar doorheen was gekomen, vonden mijn ouders dat ik blij moest zijn dat ze me überhaupt de kans gaven.

Op de school volgde je een normaal schema en daarnaast richtte je je acht uur per week op je specialisme. Voor de avonden waarop iedereen z'n werk presenteerde, maakte ik maquettes, posters en meer van dat soort dingen.

De theaterschool zat in Rotterdam en ik woonde in Ambacht, zeventien kilometer verderop. Terwijl al mijn vriendinnetjes van de lagere school op de fiets naar een middelbare school in Zwijndrecht (een dorp naast Hendrik-Ido-Ambacht) konden, moest ik met de bus en de metro richting Rotterdam. Dat betekende anderhalf uur heen- en anderhalf uur terugreizen. Was ik om vijf uur uit, dan kwam ik om halfzeven eindelijk een keertje thuis. Dit was best zwaar, zeker als je de volgende ochtend weer om negen uur op school moest zijn. Hoewel ik 's ochtends vaak met mijn vader mee kon rijden, stond de reistijd me heel erg tegen. En dat terwijl al mijn vriendinnetjes uit het dorp lekker op de fiets stapten en binnen een kwartier op school waren. Daarbij moest ik helemaal opnieuw beginnen en zaten zij met allemaal bekenden op hun middelbare school. Alleen mijn vriendje Jeremy ging ook naar de theaterschool, maar hij had voor de richting theater gekozen. In de groep waarin ik kwam, kende ik niemand en ik was veel liever bij mijn oude vriendinnetjes van de basisschool gebleven. Ik denk eigenlijk dat ik te graag leuk gevonden wilde worden; iedereen wil toch als twaalfjarige leuk gevonden worden? Dit voelde ik in het eerste jaar althans best wel als druk.

'Ik denk eigenlijk dat ik te graag leuk gevonden wilde worden; iedere twaalfjarige wil toch leuk gevonden worden?'

Na de brugklas, waarin ik het niveau havo/vwo volgde, ben ik in het tweede jaar naar de havo gegaan. Dat tweede jaar in de havo liep niet af zoals ik had verwacht en ik bleef meteen zitten. Vanaf dat moment raakte ik steeds minder gemotiveerd om mijn best te doen op school.
Ik werd heel erg ongelukkig van mijn middelbare school en voelde me niet thuis tussen de andere leerlingen. Het waren echt creatieve kinderen; je gaat tenslotte niet naar een theaterschool om acht uur per week extra bezig te zijn met die shit als je niet heel veel van theater houdt. Als ik 's ochtends om halfnegen op school aankwam, dan was er altijd al wel iemand aan het pianospelen, of aan het dansen door de aula. Ik vroeg me vooral af of deze kids niet effe normaal konden doen en misschien ook niet iets langer de tijd nodig hadden om wakker te worden. Maar deze kinderen wilden zelf dolgraag dansen en theatermaken. Als je de film *Step Up* hebt gezien, die ene dansfilm met de goddelijke Channing Tatum, zie je daar ook een school met allemaal leipo's die door de school dansen. Exact dat was de Theaterhavo/vwo voor mij. I can't.

Op een gegeven moment ontstond er op die school een bepaalde groep met meiden (er zaten voornamelijk meiden op) die ook niet echt bepaald een passie hadden voor het vak waarvoor ze hadden gekozen. Alle meiden waar ik toen goed mee om kon gaan, zijn net als ik vroegtijdig van school gegaan en hebben geen van allen hun diploma op de Theater-havo/vwo gehaald. Toen ik in de tweede klas bleef zitten kwam ik in een klas met leerlingen die een jaar jonger waren dan ik en dat vond ik best lastig. Toch waren er twee meiden waar ik het goed mee kon vinden en waar ik veel mee omging. Zij spraken in de pauze soms met een stel jongens af, en een van die jongens was Ronell, nu beter bekend als Ronnie Flex. Hij en zijn vrienden zaten op een mbo muziekopleiding naast onze school. Ronell rapte toen al en zat in een rapgroep met twee van zijn beste vrienden. Wij waren toen geen vrienden en ik zag ze alleen als ze af en toe bij onze school rondhingen.

Toen ik eenmaal was blijven zitten, stak ik niet echt tijd meer in het onderhouden van vriendschappen. Ik verloor mijn motivatie om goede cijfers te halen nog meer en ik begon steeds beter door te krijgen hoe ik het slimste kon spijbelen. Op een bepaald moment werd het een gewoonte om drieën of zelfs lager voor repetities en schriftelijke overhoringen te halen. Bij de eerste onvoldoende voelde ik me nog rot en wilde ik niets liever dan het de volgende keer beter doen, maar toen ik op den duur door de bomen het bos niet meer zag en geen idee had hoe ik mijn gemiddelde ooit nog omhoog kon krijgen, hoefde het voor mij ook niet meer. Terwijl de enige die ik ermee had door onvoldoendes te halen, ikzelf was, boeide het mij op dat moment totaal niet. Ik zat op een school waar ik het niet naar mijn zin had en had geen idee wat ik überhaupt zou willen doen, mocht ik ooit een diploma halen. Op dat moment zag ik er gewoon het nut niet van in om mijn best te doen.

'We spraken in de pauze soms met een stel jongens af, en een van hen was Ronell, nu beter bekend als Ronnie Flex'

Omdat ik er letterlijk niets voor deed, vond ik het ook totaal niet raar dat ik slecht presteerde. Na school lag ik het liefste zoveel mogelijk in bed en ik verloor steeds meer plezier in eigenlijk alles wat ik deed.

◆ ZWEEFTEEF

Na verloop van tijd merkten ook mijn ouders dat ik heel ongelukkig was. Als we 's avonds aan tafel zaten zweeg ik. Mijn broer zat op het gymnasium, haalde achten en negens, en had nergens problemen mee. Als ze dan aan mij vroegen wat ik had gedaan, dan antwoordde ik kortaf: 'gewoon school.' Meer kwam er niet uit. Nu praat ik sowieso niet makkelijk over mijn gevoelens en als ik iets moeilijk vind, loop ik het liefst gewoon weg zolang ik de confrontatie maar niet aan hoef te gaan.
Ik nam het mijn ouders toen enorm kwalijk dat ze me naar de middelbare school in Rotterdam lieten gaan. Ondanks dat het volledig mijn eigen schuld was, nam ik ze het ook kwalijk dat ik niet goed presteerde. Achteraf denk ik dat het toch onbewust een beetje een middelvinger naar mijn ouders was die me ergens toch redelijk streng hadden opgevoed en keuzes voor mij maakten, die ik graag zelf had willen maken.

'Teken of schilder maar eens even hoe je je voelt'

Uiteindelijk opperden mijn ouders of ik niet een keer met iemand wilde praten. Ik was heel vaak boos, huilde veel, maakte ruzie, heel heftig. Ik ben toen met een kunstpsycholoog gaan praten die in Dordrecht zat. Dat vond ik wel prima, want dan kon ik op vrijdag lekker eerder weg van school.
De kunstpsychologe gaf me een wit papier en zei: 'Teken of schilder maar eens even hoe je je voelt.'

'Het spannendste wat Anthea en ik deden was eten halen bij de snackbar om vervolgens in een foodcoma in haar bed te belanden'

Nou prima, geef me een vel papier en verf en dan ga ik dat wel effe voor je doen. Hoe the fuck kon ik nou op papier gooien hoe ik me voelde? De potten verf kwamen m'n fucking strot uit na de acht uur vormgeving op die kutschool waar ik op zat. Ik pakte een kwast en begon maar wat kleuren op het canvas te gooien en na vijf minuten staarde ik de zweefteef benieuwd aan. Ik kon niet wachten tot ze me aan de hand van mijn prachtige kunstwerk kon vertellen wat er met me aan de hand was.

Veel te nuchter was ik voor zo'n vaag wijf. Uiteindelijk begon ze met haar conclusie dat de meeste kinderen die bij haar in therapie waren, het hele canvas vulden met donkere kleuren waarin geen lichtpuntje te zien was. Volgens madam was ik niet depressief genoeg en we voerden een aantal weken achter elkaar de meest kansloze gesprekken die ik ooit heb gehad. Het enige wat ik me nog van die sessies kan herinneren, is dat ik alleen maar moest huilen omdat ik totaal niet over mijn gevoelens kon praten. Buiten dat vond ik het fascinerend dat de psychologe altijd heet water dronk zonder iets van een theezakje. Week na week zat ik daar en snapte er allemaal geen reet van. Toen we aan het einde van de sessies waren gekomen vertelde ze mijn ouders dat ik misschien toch maar beter van school kon wisselen. En bedankt. Monica moest naar het Develsteincollege in Zwijndrecht. Feest.

Mijn nieuwe school in Zwijndrecht, het Develsteincollege, was een christelijke school. Het was er veel strenger dan dat ik gewend was. Ik begon met drie havo en dit niveau was veel hoger dan op de Theaterhavo/vwo, waar ze maar wat creatief zaten te klooien. Moet je nagaan: ik wist op m'n vijftiende niet eens hoe je een potje slagbal moest spelen, want ik had nog nooit gymnastiekles gehad. Op de theaterschool gaven ze het vak dans als lichamelijke beweging.

Eenmaal op Develstein bleek het niveau veel te hoog voor mij en ik raakte super gedemotiveerd. Mijn ouders stuurden me naar huiswerkbegeleiding, maar dat werkte alleen maar averechts.
Ik ging heel veel spijbelen. Tegen mijn ouders zei ik dat ik het eerste uur vrij had, en dan bleef ik gewoon in mijn bed liggen om uit te slapen. Het was niet dat ik stiekeme dingen deed, ik ging niet stelen en gebruikte geen drugs, maar ik wilde gewoon niet naar school. Soms kwam ik op school, meldde me ziek en ging meteen weer naar huis. Ik wist dat mijn ouders op dat tijdstip ongeveer wel op hun werk waren en dus kon ik mijn bed weer in.

In mijn nieuwe klas leerde ik Anthea kennen die in drie havo was blijven zitten. Wij waren de enige twee chicks die een jaar ouder waren dan de rest en werden meteen vriendinnen. Anthea hockeyde en door haar pakte ik het hockeyen weer op dat ik sinds de lagere school niet meer had gedaan. In ons hockeyteam ontmoette ik Femke die eigenlijk nooit op trainingen of wedstrijden kwam, maar die later wel een heel goede vriendin werd. Soms spijbelde ik samen met Anthea. Zij woonde dicht bij school en we gingen naar haar huis als haar ouders werkten. Ook dan deden we niks verontrustends. Het spannendste wat we deden was eten halen bij de snackbar om vervolgens in een foodcoma in haar bed te belanden.

MET ANTHEA

Ook als ik alleen thuis was lag ik vaak in bed kindertekenfilms te kijken, ik was gewoon vreselijk lui. Ik kon me de hele dag vermaken met msn'en en toen ik vijftien was kwamen de iPhones in. Ik deed letterlijk niks. Alleen als ik honger had, ging ik naar beneden om iets te eten. Ik dacht niets, ik droomde niets, ik fantaseerde niets, maar sliep vooral heel veel.

Als je afwezig was, moest je op school absentiebriefjes inleveren die waren ondertekend door je ouders. Omdat ik dezelfde handtekening als mijn vader had, kon ik de briefjes makkelijk namaken. Als school echter twijfelde waarom je weg was gebleven, dan belden ze je ouders. Op school was er een straflokaal; lokaal 019. Voor ieder uur dat je gemist had, moest je een dubbel uur nakomen. Mijn naam stond standaard op het prikbord: Monica veertien uur nakomen, Monica achttien uur nakomen, Monica 48 uur nakomen, het liep steeds verder op.

Net als het geval was met de onvoldoendes die ik haalde, raakte ik ook hieraan gewend. Op een gegeven moment deed het mij niks meer om de uren achter mijn naam alsmaar te zien stijgen.

'Mijn naam stond standaard op het prikbord: Monica veertien uur nakomen, Monica achttien uur nakomen, Monica 48 uur nakomen...'

'Tijdens mijn puberteit noemde mijn moeder me Hormoonica'

Ik denk dat als ik van begin af aan op Develstein had gezeten, ik misschien wel beter mijn best had gedaan omdat ik het niveau dan had kunnen bijbenen. Maar omdat dit niet zo was gegaan, nam ik het mijn ouders kwalijk dat ik steeds faalde op school. Ik schoof alles af op het feit dat het een slechte keuze was geweest om eerst naar de school in Rotterdam te gaan. Mijn cijfers op Develstein werden steeds slechter, ik kwam steeds minder vaak op school en kreeg steeds meer ruzie met mijn ouders. Soms was het zo erg dat ik wegliep en een week van huis bleef. Echt, mocht ik ooit zo gelukkig zijn om moeder te worden van een gezonde dochter, dan hoop ik toch echt dat ze niet zo'n heftige puberteit heeft zoals ik dat had. Wat zullen mijn ouders het zwaar hebben gehad met mij.

Mijn broer en ik hadden in die tijd elke dag ruzie; slaan, schoppen, schreeuwen, we haatten elkaar.

Ik ergerde me aan alles van mijn broer. Zo vond ik het heel vervelend als hij 's ochtends vroeg onder de douche aan het zingen was. Ik hecht heel veel waarde aan mijn nachtrust, en vooral als je op school zit en je hebt een eerste uur vrij, dan is dat uurtje heilig. Hij terroriseerde me met dat gezang en ik kon me al dood ergeren als hij alleen al begon met neuriën. Maar goed, ik erger me überhaupt nogal snel en ik ben ook heel ongeduldig als iets niet gaat zoals ik het wil. Achteraf denk ik dat ik het totaal niet kon hebben dat mijn broer het wel leuk vond om naar school te gaan en dat hij het voor elkaar kreeg om cum laude te slagen.

Misschien was het allemaal wel anders gelopen als ik enig kind was geweest. Dan had ik misschien meer de verantwoordelijkheid gevoeld om mijn ouders te pleasen en had ik beter mijn best gedaan op school. Maar omdat Matthijs voorbeeldig was, kan ik niet zeggen dat mijn ouders in de opvoeding hebben gefaald. Mijn broer was de ideale leerling, hij speelde in een jazzbandje en zat in de schoolkrantredactie. Ik was manipulatief genoeg om in de slachtofferrol te gaan zitten en te jammeren dat Matthijs perfect was. Hij kon het wel en ik niet. Mijn moeder noemde me op dat soort momenten ook wel eens 'Hormoonica', als verwijzing naar mijn heftige puberteit.
Ik was me heel erg bewust van de situatie waarin ik zat en gebruikte mijn broer om zielig te doen. Terwijl ik vooral gewoon lui was en niets wilde.

Mijn moeder was heel streng in de opvoeding. We spraken niet op een gelijkwaardige manier met elkaar en daardoor had ik altijd het gevoel dat mijn moeder boven mij stond. Hoe zij het wilde, gebeurde het gewoon en in mijn geval werkte dat totaal niet.
Ik heb heel vaak gedacht: als ik straks moeder ben, dan ga ik het totaal anders doen. Hier probeer ik niet mee te zeggen dat mijn moeder het verkeerd heeft gedaan maar hoe je het ook wendt of keert, ik heb geen vriendschappelijke band met mijn moeder en ik kon ook altijd best jaloers zijn op vriendinnetjes die hun moeder altijd alles vertelden. Op dat level ben ik nooit met mijn moeder geweest en ook al is dat allemaal minder *awkward* geworden nu ik ouder ben, ik ben nooit bij m'n moeder in bed gekropen om te vertellen over de eerste keer dat ik gezoend had.

◆ KOMT EEN VROUW BIJ DE DOKTER

Mijn moeder had het zelf best zwaar. Aan het begin van mijn middelbare schooltijd werd haar jongste zusje Cressy ongeneeslijk ziek. Borstkanker. Mijn tante woonde met haar man en zoontje bij ons in het dorp en mijn moeder was als oudste zus veel bij haar om voor haar te zorgen. Na haar werk ging ze altijd bij mijn tante langs en mijn vader kookte dan voor Matthijs en mij als hij om halfzeven thuiskwam.

Ik had een hechte band met mijn tante. Toen mijn interesse voor uiterlijke verzorging begon te groeien, leerde ze mij omgaan met make-up, kunstnagels en kleding. Mijn moeder hield daar totaal niet van en dus was ik blij dat ik na het overlijden van mijn oma, hiervoor bij mijn tante terecht kon. Ik zat in groep vier toen mijn oma overleed en interesseerde me toen nog helemaal niet voor die dingen. Maar later had ik er echt een moord voor willen doen om alle make-up gerelateerde dingen van mijn oma te leren. Mijn tante had thuis een eigen kamertje waar ze altijd bezig was met kunstnagels en waar ze de mooiste kleding, tassen en make-up had staan.

'Mijn tante had thuis een eigen kamertje waar ze de mooiste kleding, tassen en make-up had staan'

Mark, het zoontje van mijn tante, was jonger dan Matthijs en ik, maar altijd als we daar waren speelde Matthijs vooral met hem terwijl ik bij mijn tante op de bank lag. Ze kriebelde me dan uren over mijn rug of lakte mijn nagels.

Ken je het boek van Kluun, *Komt een vrouw bij de dokter*? Dat verhaal speelde bij mijn tante ook. Terwijl zij ziek was, zocht haar man het buiten de deur. Na het overlijden van mijn tante kreeg hij al snel een nieuwe vriendin. In die periode had ik zo ontzettend veel onbegrip voor die situatie en ik kon er met mijn hoofd gewoon niet bij hoe je zoiets zou kunnen doen.

Maar het zien van de film naar aanleiding van Kluuns boek, heeft mijn kijk een beetje veranderd. Niet dat ik het goedkeur of wat dan ook, maar er zijn altijd twee kanten aan een verhaal. Iedereen beleeft een situatie op zijn of haar manier en dit heeft me best open-minded leren denken. Hoe stom ik sommige acties van bepaalde mensen ook vind, ik probeer me altijd te verplaatsen in de ander en te bedenken waarom diegene ervoor heeft gekozen om zo te handelen. Nog steeds kan ik het geen seconde drooghouden bij die film, hoe vaak ik hem ook heb gezien.
Ik weet niet meer precies hoelang mijn tantes ziekbed heeft geduurd, maar al die tijd was mijn moeder nauwelijks aanspreekbaar. Ze was ontzettend veel met haar zusje bezig en dat vond ik niet meer dan logisch. Dit bood mij ook iets meer vrijheid, aangezien mijn vader een stuk minder streng was, en dankzij die ademruimte voelde ik me een stuk relaxter.

Op den duur kwam het einde van het ziekbed van mijn tante steeds meer in zicht. Ik vond laatst een oud notitieboekje bij mijn moeder thuis op zolder waarin ik had geschreven dat ik niks liever zou willen dan bij het overlijden van mijn tante aanwezig zijn. Een aantal bezoekjes later schreef ik dat ik het toch eng zou vinden en er liever niet bij wilde zijn en dat het zo goed was. Ik herinner me nog als de dag van gisteren dat ik op een avond het ziekenhuis uit liep en dat ik voor honderd procent zeker wist dat dit de laatste keer was dat ik mijn tante had gezien. Op 26 november 2008 overleed Cressy. Ik zat destijds op dansles in Ridderkerk, een dorp vlak bij Hendrik-Ido-Ambacht. Shanice en ik werden altijd met de auto gebracht en op die 26ste november kwam niet mijn moeder me halen, maar kwamen onze buren. Ik wist genoeg en barstte in huilen uit. Op de terugweg sloeg Shanice een arm om me heen terwijl ik niet meer kon stoppen met huilen. Tot op de dag van vandaag heb ik het er nog bijzonder moeilijk mee. Zelfs bij het schrijven van dit hoofdstuk hou ik het niet droog. Iedereen van de familie vertelde me altijd dat er niemand zoveel op Cressy leek als ik. Toen ze overleed was ik dertien en het voelde alsof ik een moeder voor de helft kwijtraakte. Zij was het die me de dingen bijbracht waar ik toentertijd interesse in begon te krijgen. Haar zoontje was tien jaar oud en ik vond het echt vreselijk om te realiseren dat hij op zou groeien zonder moeder. De dag van het afscheid van mijn tante heb ik ont-

'Hoe stom ik sommige acties van bepaalde mensen ook vind, ik probeer me altijd te verplaatsen in de ander en te bedenken waarom diegene ervoor heeft gekozen om zo te handelen'

zettend lang bij haar kist gestaan en niet echt afscheid willen nemen. Ik denk nog bijna dagelijks aan haar en voel regelmatig op de een of andere manier het gemis van haar in mijn leven. Al was het alleen al om bij haar mijn hart te kunnen luchten over mijn allereerste vriendje en de dingen die daarbij kwamen kijken. Ondanks dat ik zo jong was toen ze overleed, mis ik haar oprecht nog iedere dag.

◆ MIJN ALLEREERSTE VRIENDJE

Mijn eerste vriendje, Carlo, kreeg ik toen ik vijftien was. Ik begon met de middelbare school in Zwijndrecht, terwijl hij net van die school af ging. Hij was zeventien, had zijn havo afgerond en ging International Business and Languages studeren aan een hogeschool in Rotterdam.

Carlo was de eerste jongen die bij ons thuis kwam en die ik aan mijn ouders voorstelde. Hij had me verkering gevraagd via msn en eigenlijk vond ik dat niet echt kunnen. Maar omdat ik hem wel leuk vond, zei ik toch ja en vanaf toen hadden we verkering. Van wat ik me kan herinneren was hij een heel lieve jongen. Als ik op mijn fiets naar hem toe ging dan bracht hij me 's avonds altijd thuis en reed hij achter me aan op de scooter.

Het contact dat ik met mijn ouders had op het gebied van relaties en zo is echt altijd awkward as fuck geweest. Na een halfjaar verkering hadden Carlo en ik het plan om samen naar een hockeyfeest te gaan en het leek ons wel tijd om een keer bij elkaar te blijven slapen. Omdat mijn moeder dat weekend met vriendinnen in Barcelona was, vroegen we aan mijn vader of het oké was. Hij begon vervolgens echt mega spastisch te doen en zat awkward om zich heen te kijken, terwijl wij ons afvroegen wat het antwoord op onze vraag zou zijn. Die sleep-over is er niet van gekomen.
Na tien maanden ging onze verkering uit. Waarom dat was, kan ik me niet echt goed meer herinneren, maar ik weet nog wel dat het op een dramatische manier ging en we huilend op de bank zaten voordat hij naar school moest. Nu kan ik erom lachen, maar op dat moment was ik er echt kapot van, ook al liet ik dat thuis totaal niet merken.
Toen mijn moeder vroeg wat Carlo voor kerst wilde hebben, vertelde ik haar zo nonchalant mogelijk dat het uit was.
En zo eindigde mijn allereerste liefde. Ik vind het grappig hoe het toentertijd het allerbelangrijkste in mijn leven leek te zijn. We hadden destijds een grote gemeenschappelijke vriendengroep met veel jongens. Ik ben altijd wel een beetje one of the guys in de groep geweest en in de periode dat ik in Hendrik-Ido-Ambacht woonde, ben ik veel met hen om blijven gaan.

'Na tien maanden ging onze verkering uit. Waarom dat was, kan ik me niet echt goed meer herinneren'

◆ VMBO-DIPLOMA

Na drie havo ben ik overgestapt naar het vmbo. Het havoniveau van Develstein bleek te hoog voor me. In plaats van weer te blijven zitten in de derde klas, stapte ik liever over om mijn vmbo-diploma te halen.

Ik kwam in een klas met alleen jongens en één ander meisje. Dat kwam door het economieprofiel dat ik volgde, terwijl de meeste andere meisjes voor het zorg- en welzijnprofiel kozen. Omdat ik sowieso beter met jongens kon opschieten vond ik het wel chill in die klas. De meeste gasten hadden een grote mond, hielden wel van wat gekkigheid, en waren totaal niet bezig met drama en gezeik – wat nog wel het belangrijkste voor mij was. Ze hielden juist lekker hun bek als er drama op de loer lag. Ik vond het wel jammer dat ik niet meer bij Anthea in de klas zat, maar tijdens elke pauze of na school zochten we elkaar meteen weer op.

Ook tijdens mijn vmbo-examenjaar ging ik heel weinig naar school. Ik denk dat ik daar nog het meest gespijbeld heb en als ik al op school kwam, dan zat ik meestal in 019, het straflokaal.
Je zat echt liever geen seconde van je leven in 019. De tafels waren uit elkaar geschoven zodat je geen contact kon maken met de andere leerlingen die na moesten blijven. Zelfs de ramen waren geblindeerd zodat je kans op communicatie met leerlingen die buiten stonden ook meteen werd afgenomen.

Ik heb best veel moeite om dingen te accepteren omdat ze gewoon zo zijn. Zo zag ik er de noodzaak en de logica niet van om van maandag tot en met vrijdag naar school te moeten. Er waren zoveel momenten dat we met de klas gewoon een film zaten te kijken of dat we zelf mochten bepalen wat we gingen doen, zoals leren voor een ander vak. Ik vroeg me echt af waarom de uren die we er waren niet goed benut werden. Waarom lieten ze ons geen vier efficiënte dagen naar school gaan, zodat we drie dagen weekend konden hebben. Ik ben altijd wel van het praktische geweest en vind het onnodig om allerlei fratsen uit te moeten halen om bij je einddoel te komen. Nu snap ik wel dat het ontzettend moeilijk is om op landelijk niveau één plan te maken over hoe het schoolsysteem nu exact in elkaar zou moeten zitten. Vroeger dacht ik alleen aan mijn eigen situatie waarbij ik vond dat ik teveel zat te niksen op school, maar nu realiseer ik me dat het voor een school überhaupt al bijna een onmogelijke opgave is om voor iedere klas genoeg leerkrachten in dienst te hebben. Laat staan dat ze dan ook nog allemaal naar behoren functioneren en genoegen nemen met het aangeboden salaris.

In mijn examenjaar heb ik uiteindelijk nog minder aan mijn school gedaan dan de jaren ervoor. Desondanks haalde ik wel mijn diploma en was ik blij toen mijn examenfeestje achter de rug was. Eindelijk kon ik beginnen aan een vervolgopleiding en misschien wel iets vinden wat ik leuk vond om te doen.

Favorite... HANG-OUTS

1 AKASHA SPA

DE SPA IN HET CONSERVATORIUM HOTEL, HEEL KLEIN MAAR SUPERRELAXED EN RUSTIG.

2 W HOTEL AMSTERDAM

HET ENIGE HOTEL IN AMSTERDAM MET EEN ROOFTOP POOL. LOVE IT.

3 JIMMY WOO

EIGENLIJK ALTIJD HIER TE VINDEN ALS IK UITGA.

4 ROLLENDE KEUKENS

EENS PER JAAR EEN WEEK IN AMSTERDAM MET ALLEMAAL FOODTRUCKS OP HET WESTERGASTERREIN. VEEL ETEN EN GEZELLIGHEID.

2

3

3

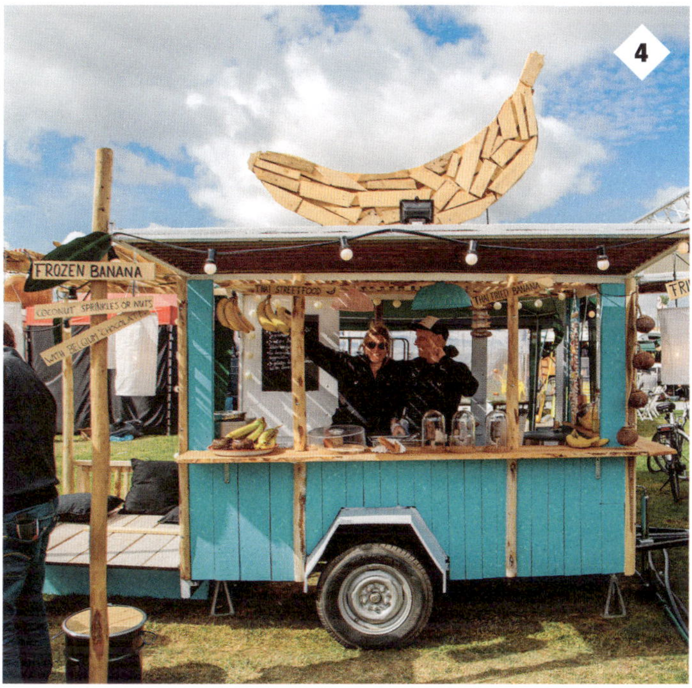
4
FROZEN BANANA
COCONUT SPRINKLES OR NUTS

4
DE MOEDER VAN
ROLLENDE KEUKENS

MET RONNIE BACKSTAGE OP HET SUNSET FESTIVAL IN BELGIË

◆ VAN DE HORECA NAAR DE 'DJ' VAN RONNIE FLEX

◆ VLOG #14

'Ik ben dj voor de rapper Ronnie Flex, ik weet niet of je dat iets zegt, maar als hij een show heeft, ben ik zijn dj en doe ik zijn muziek'

Vanaf jonge leeftijd heb ik altijd baantjes gehad. Ik heb veel dingen gedaan, zoals samen met vriendinnetjes in een kas werken. De vader van een klasgenootje had een kas en daar werkten een aantal Poolse mannen. Op een gegeven moment vroeg hij of zijn dochter niet met een aantal vriendinnetjes wilden komen helpen. En zo stonden we een aantal weken later met elkaar kunststof hartjes in boeketjes te prikken voor Valentijnsdag. Ik kan me herinneren dat ik het helemaal niet erg vond om te werken en het juist wel gezellig vond. Ik heb ook twee zomers doorgebracht bij mijn vader op kantoor. Sinds ik weg was van de Theater-havo/vwo had ik veel minder contact met Jeremy en ik vond het erg gezellig dat hij samen met Anthea ook uren kwam maken op het kantoor waar mijn vader werkzaam was. Extra handig was het dat we altijd met mijn vader mee konden rijden. Als het een dag lekker weer was, nam ik vrij en zodra het regende reed ik weer met mijn vader mee naar kantoor.

Daarna heb ik nog lange tijd in de horeca gewerkt. Na school fietste ik snel naar huis om vervolgens meteen door te gaan naar het eetcafé in Zwijndrecht. Terugkijkend, denk ik dat ik veel van mijn sociale vaardigheden te danken heb aan dit werk. Ik herinner mij nog goed mijn eerste dag, toen mijn baas tegen een vijftienjarige Monica zei dat hij verwachtte dat ik er over een paar weken bij zou lopen alsof het mijn eigen zaak was. Ik had geen idee waar die vent het toen over had, want alleen al als ik het dagmenu aan een tafel moest presenteren voelde ik me vreselijk. Toch liep ik er na een aantal maanden inderdaad rond alsof ik de zaak runde en hier heb ik enorm veel zelfvertrouwen van gekregen. Waar ik het eerst vreselijk vond om een praatje te moeten maken met de gasten, vond ik het later jammer als er een tafeltje was met minder toegankelijke gasten. Er kwamen ontzettend veel verschillende mensen langs en ieder had zijn of haar eigen verhaal.
Tijdens het blijven zitten in de tweede klas op de Theater-havo/vwo had ik Ronell en zijn vrienden leren kennen. We hadden nooit echt veel contact maar kenden elkaar via via en volgden elkaar toentertijd op Twitter. Op een gegeven moment was ik al van de school in Rotterdam af en zat inmiddels op het Develsteincollege, toen ik een tweet van Ronell kreeg met de vraag of ik hem zou willen helpen.

RONNIE EN IK LEERDEN ELKAAR VIA VIA KENNEN

'Ik was dj tussen haakjes, omdat het eigenlijk alleen van belang was dat ik de cd in de speler stopte en op het juiste moment op play zou drukken'

Hij wilde meedoen aan een talentenjacht, want inmiddels was hij van plan om van rappen zijn beroep te maken. Een van de voorwaarden om mee te mogen doen, was dat de helft van de act die ingeschreven stond, onder de achttien jaar was. Volgens mij was ik zestien toen hij me vroeg zijn 'dj' te zijn tijdens die wedstrijd. Dj tussen haakjes, omdat het eigenlijk alleen van belang was dat ik de cd in de speler stopte en op het juiste moment op play zou drukken. We spraken een aantal keer af om te oefenen en zo ontmoette ik zijn crew die bestond uit de Lefensmannen & Co., zijn manager, tourmanager en back-up MC. De Lefensmannen & Co. was de naam die Ronnie en zijn vriendengroep elkaar hadden gegeven. Ik heb veel groepjes mensen ontmoet in mijn leven maar De Lefensmannen is toch de meest aparte samenstelling die ik ooit heb meegemaakt. Alle leden hebben affiniteit met muziek en zo zijn ze bij elkaar gekomen. De meesten komen uit de buurt van Rotterdam, denk aan Capelle aan den IJssel, Schiedam, Vlaardingen et cetera. De jongens hebben een eigen taaltje gecreëerd, voeren de hele dag door de meest aparte en soms ook hoogoplopende discussies, doen de raarste challenges en vormen tegelijkertijd een groep die zoveel liefde voor elkaar heeft dat ze elkaar altijd zullen helpen en enorm veel voor elkaar over hebben. De gunfactor in deze groep is mega hoog en dat vind ik tot op de dag van vandaag mooi om te zien.

Naarmate de talentenjacht vorderde kwamen we steeds rondes verder. In de finale werden we uiteindelijk tweede en een singer-songwriter meisje pakte de eerste plek. Desondanks steeg de populariteit van Ronnie en er kwamen steeds meer aanvragen voor boekingen binnen. Zijn goede vriend, en destijds manager, Axel, opperde dat het misschien een leuk idee zou zijn als ik Ronnies vaste dj zou worden tijdens de shows. Dit werd mijn tweede bijbaantje en langzamerhand ben ik gestopt met werken bij het eetcafé om met Ronnie en de jongens het hele land door te gaan voor shows.

DRAAIEN VOOR RONNIE

MET JULIEN. HIJ IS PRODUCER EN BESTORMT TEGENWOORDIG DE HITLIJSTEN MET ZIJN PRODUCTIES

Als ik terugdenk aan de tijd waarin ik weekend in, weekend uit, meeging naar de shows heb ik echt heel veel leuke herinneringen, ondanks dat het toen niet altijd rooskleurig was, haha. Soms was het best zwaar om als enige meisje mee te gaan, maar omdat ze me allemaal als een soort zusje behandelden – ik was nog maar zestien – viel het ook wel weer mee. Ik kon het sowieso vaak sneller en beter vinden met jongens, maar in deze groep was ik écht one of the guys. Langzamerhand kwamen er steeds meer showaanvragen binnen tot het moment dat Ronnie debuteerde op een track van Yellow Claw. Daarna is het best hard gegaan en zijn we begonnen met zomertours. Deze waren het meest heftig, maar ook ontzettend leuk. Ik weet nog goed hoe blij we waren toen er aanvragen voor shows vanuit het buitenland kwamen. Eigenlijk zou ik heel veel willen vertellen van alles wat ik met de jongens heb meegemaakt, maar veel daarvan is behoorlijk heftig en qua privacy ook niet eens mogelijk om over te schrijven, daarom moet ik jullie helaas een hoop onthouden. Ik typ dit hoofdstuk met een grijns op mijn gezicht omdat ik zoveel goede herinneringen aan deze tijd heb. Mijn vriendschap met de jongens bevindt zich tegenwoordig op een heel ander level. Eigenlijk spreek ik ze bijna tot nooit meer, maar de keren dat we elkaar zien, zit het altijd goed. Dat vind ik zo fijn aan de mannen, al zou ik ze nu een jaar niet zien, ik weet alsnog dat ik ze kan bellen als ik onverhoopt op straat kom te staan. We hebben de meest heftige discussies met elkaar gehad maar na een uur was alles weer cool. Ik hoop dan ook oprecht dat iedereen van deze groep op een dag is waar hij of zij graag wil zijn, op welke manier dat dan ook zal zijn.

'In deze groep was ik écht one of the guys'

◆ STERWARDESSENOPLEIDING

◆ VLOG #11: RANDOM FACTS

'Vroeger wilde ik altijd stewardess worden. Ik heb er ook een opleiding voor gevolgd, maar daar ben ik mee gestopt. Vier jaar naar school om in de lucht een broodje kaas te serveren ging mij op dat moment te ver'

Ik was enorm opgelucht toen ik eindelijk mijn vmbo-diploma had gehaald en iets anders mocht gaan doen. Ik koos voor de mbo-opleiding Luchtvaartdienstverlening. Hierbij werd je opgeleid tot grondstewardess en kon je later doorgroeien naar cabinepersoneel. Dit leek me erg leuk. Toevallig zat deze school naast de Theaterhavo/vwo en dus was het weer hetzelfde riedeltje als vroeger met iedere ochtend heen en terug naar school. Deze opleiding duurde vier jaar, terwijl ik me de laatste keer dat ik mijn best voor een school had gedaan niet eens kon herinneren. Dit zou dus nog wel eens een staartje kunnen krijgen.

Als ik aan deze periode terugdenk, denk ik eigenlijk alleen aan Femke. Tijdens de zomer na mijn middelbare schoolperiode ging ik voor het eerst met drie vriendinnen op vakantie. We vertrokken richting Barcelona en een van de meiden die meeging was Femke. Ik kende haar al wel omdat we in hetzelfde hockeyteam zaten, maar eigenlijk spraken we toen nooit met elkaar. In Barcelona merkten we al vrij snel dat we een enorme klik hadden en na die vakantie zijn we enorm veel met elkaar opgetrokken.

MET FEMKE

'Als ik niet met Femke in de stad was, lag ik in bed te huilen omdat ik niet wist waar ik mee bezig was'

IN PLAATS VAN NAAR SCHOOL GING IK VOORAL VEEL UIT

Toen ik begon aan mijn opleiding Luchtvaartdienstverlening, zat Femke in een tussenjaar nadat ze haar havodiploma had gehaald. Zij was daardoor iedere dag vrij en haalde me van school om de stad in te gaan. Ik heb het Scheepvaart en Transport College waar mijn opleiding werd gegeven, vrij weinig van binnen gezien en dit bracht helaas de nodige problemen rond leerplicht met zich mee. Als ik probeer om me iets te herinneren van die school, is het vooral dat onze klas ontzettend werd aangestaard. De opleiding was vooral een school voor leerlingen die de scheepvaart in wilden en daardoor waren er vooral veel jongens aanwezig. Mijn klas, met bijna alleen maar meisjes, viel enorm op en meer dan dat kan ik me van deze school niet herinneren. Als ik niet met Femke in de stad was, lag ik in bed te huilen omdat ik niet wist waar ik mee bezig was. Mijn ouders lieten mij in die tijd heel vrij en ik heb het idee dat ze me zo zelf wilden laten uitvinden wat ik nu wel echt leuk vond om te doen. Femke en ik gingen heel veel uit in Rotterdam en de ochtend erna kon ik het vaak niet opbrengen om naar school te gaan.

'Ik zei heel rustig dat ik niet meer naar school wilde. Mijn vader haalde zijn schouders op en ging naar zijn werk'

ALTIJD IN DE STAD MET FEMKE

Ik kan me nog goed herinneren dat mijn vader me een keer wakker maakte om naar school te gaan en dat ik heel rustig zei dat ik niet meer naar school wilde. Hij haalde zijn schouders op en ging naar zijn werk. Op dat moment realiseerde ik me heel goed dat het mijn leven was, en als ik er iets van wilde maken, ik dat voor niemand anders behalve mijzelf deed. Tot dan had ik altijd het idee gehad dat ik het voor mijn ouders deed, maar toen ik merkte dat zij dit loslieten, kwam het besef dat het mijn toekomst was die ik enorm aan het verneuken was.

◆ NAAR AMSTERDAM

◆ VLOG #14

'Doordeweeks werk ik bij Bagels & Beans, dat is een zaak waar je bagels kan eten, koffie kan drinken, sapjes kan drinken, whatever allemaal gezonde dingetjes, en dat doe ik omdat ik ben gestopt met school vorig jaar. Ik zou eigenlijk op mijzelf gaan wonen omdat ik ging studeren, maar ik vond de opleiding niet leuk en toen ben ik gestopt.'

Femke vertrok op een gegeven moment voor drie maanden naar Miami om een cursus Engels te volgen. In die periode ben ik volgens mij geen dag naar school geweest en er volgden gesprekken dat ik wegens teveel absentie wellicht de opleiding zou moeten verlaten. Om nog maar te zwijgen over de dreigbrieven die ik kreeg van de leerplichtambtenaar. Ik lag me hele dagen in bed af te vragen wat het nut van mijn bestaan was als ik niet iets zou vinden wat ik leuk vond. En al zou ik dan iets vinden wat ik leuk vond, dan nog kon ik waarschijnlijk het nut van mijn bestaan niet vinden. Het enige wat ik deed was uitgaan en de dag erna brak en ongelukkig in bed liggen. Toen Femke terugkwam uit Miami voelde ze meteen de drang om op zichzelf te gaan wonen. Dit leek mij ook wel wat, maar hoe ging ik dit in hemelsnaam realiseren. Femke zou rechten gaan studeren in Amsterdam, maar wat ging ik dan doen? Ik zocht op internet naar opleidingen in Amsterdam en zo kwam ik bij een school voor volwassenenonderwijs terecht. Dit was een particuliere opleiding waarbij je maar één keer per week naar school hoefde te gaan, want de rest was zelfstudie. In mijn ogen kon het niet beter. Ik vertelde mijn ouders wat mijn plan was en tot mijn grote verbazing stemden ze hiermee in. Achteraf denk ik dat ze allang blij waren dat ik überhaupt zelf met een plan kwam om het leren weer op te pakken. Het was Anthea inmiddels ook gelukt om haar havodiploma te halen en ook zij wilde graag naar Amsterdam verhuizen. Zo werd het plan steeds concreter en zagen Femke, Anthea en ik ons als achttienjarigen al zitten in een appartementje. Via de vader van Femke konden we aan een supermooi en nieuw appartement in Amsterdam komen en deze zomer zou in het teken van verhuizen komen te staan.

MET FEMKE EN ANTHEA

'Terwijl ik de trap opliep zag ik alle foto's die we ieder jaar met het gezin lieten maken. Ik heb ze stuk voor stuk van de muur getrokken en op de grond gegooid'

◆ SCHEIDING VAN MIJN OUDERS

De plannen om uit huis te gaan werden steeds concreter en ik was er erg enthousiast over. En toen kwam de dag dat ik thuiskwam en mijn moeder huilend in de keuken stond. Ik vroeg haar wat er aan de hand was en ze zei dat ik even moest wachten tot mijn vader thuis was. Omdat ik geen idee had van wat er gaande was, rende ik via de trap naar boven. Ik liep snel naar de kamer van mijn broer en vertelde wat er was gebeurd. We hoorden mijn vader thuiskomen en Matthijs en ik werden er een beetje zenuwachtig van. Zo zenuwachtig dat we grapjes begonnen te maken over wat er aan de hand zou kunnen zijn. 'Haha, misschien gaan ze wel scheiden.' Toen we eenmaal aan tafel zaten, vroeg ik wat er aan de hand was, en ik voelde aan alles dat er nieuws aan zat te komen waar ik niet op zat te wachten. Mijn vader vertelde dat hij en mijn moeder uit elkaar gingen. Ik weet niet eens meer op wat voor manier hij dit bracht. De grond zakte onder mijn voeten vandaan en ik ben van tafel gerend. Terwijl ik de trap opliep zag ik daar alle foto's die we ieder jaar met het gezin lieten maken. Ik heb ze stuk voor stuk van de muur getrokken en op de grond gegooid. Daarna heb ik mijn telefoon gepakt en ben ik naar buiten gerend. Ik heb Femke gebeld en mijn hart bij haar gelucht. Ik was er ontzettend van ondersteboven, want ik had dit nooit zien aankomen. Tuurlijk was de sfeer ook in ons gezin niet altijd echt om over naar huis te schrijven, maar er waren bijna nooit ruzies die zo heftig waren dat ik dacht dat ze mijn ouders hun huwelijk zouden opbreken. Als er ruzies waren, dan kwam dat vaak door mij; als mijn ouders weer eens met hun handen in het haar zaten over hoe het verder zou moeten met mij.

Diezelfde avond had Ronnie een show en mijn vader bracht me naar de Kralingse Zoom. Dit Rotterdamse bus- en metrostation was vaak ons meetingpoint voor vertrek richting een show. Onderweg zei mijn vader dat ik me geen zorgen hoefde te maken over het feit of ik nog steeds op mezelf zou kunnen gaan wonen. Ik zei geen woord terug en kon niet over de situatie praten. Ook onderweg naar de show heb ik geen woord gezegd. Ik weet nog goed dat de show ergens ver weg was en dat Ronnie aan me vroeg wat er met mijn gezicht was gebeurd. Ik had natuurlijk de ogen uit mijn kop gejankt, maar ik zei toen maar snel dat ik een ander soort make-up had gebruikt. Ronnie keek me raar aan, haalde zijn schouders op en schonk er verder geen aandacht meer aan. Op dit soort momenten was ik zo ontzettend blij dat ik lekker in een auto met jongens zat die niet door zouden vragen, of wat dan ook. Ik had geen zin om erover te praten en ook nu nog, vier jaar later, kan ik nog steeds niet met iemand over deze situatie praten en het tegelijkertijd droog houden.

'Mijn vader heeft nog enige tijd bij ons gewoond, maar op den duur ging dat niet meer'

Waar ik de meeste moeite mee heb, is, denk ik, dat ik constant zeg dat ik het niet aan zag komen, terwijl er iets in mij altijd heeft geweten dat dit zou gaan gebeuren. Toch kan ik er mijn vinger totaal niet op leggen waarom mijn ouders zijn gescheiden, want er was naar mijn idee nooit echt een aanleiding voor. Nu was dit natuurlijk een huwelijk tussen hen beiden en hiervan krijg je als kind gelukkig niet alles mee. De band tussen mij en mijn vader is altijd erg goed geweest en ik voelde dat naarmate het moment van de scheiding naderde, ik het contact met hem een klein beetje verloor. Ik wist niet zo goed waardoor het kwam maar hij was steeds meer afwezig. Nadat het hoge woord eruit was heeft mijn vader nog enige tijd bij ons gewoond, maar op den duur ging dat niet meer. Hij verhuisde en woonde al snel in bij zijn nieuwe vriendin, wat mijn vermoedens hierover bevestigde. Mijn plannen om uit huis te gaan stonden nog steeds overeind en mijn ouders hielpen mij samen met verhuizen. Na afloop gingen we met mijn ouders en de ouders van Femke en Anthea uiteten, het was het laatste moment dat we nog enigszins als gezin samen waren. Nadat mijn broer was afgestudeerd aan de universiteit van Middelburg, besloot hij naar Parijs te verhuizen. Zo ging mijn moeder van wonen als een gezin van vier personen, naar wonen in hetzelfde huis, maar dan in haar eentje.

FEMKE EN ANTHEA

'Vertel Monica dat ze één dag in de week naar school moet en het worden er precies nul'

Niet verrassend kon ik de verantwoordelijkheid die het volwassenenonderwijs met zich meebracht, natuurlijk totaal niet aan. Vertel Monica dat ze één dag in de week naar school moet en het worden er precies nul. Aan de zelfstudie werd natuurlijk ook geen reet gedaan en zo zadelde ik mijn ouders op met de kosten van mijn particuliere opleiding, de verhuizing en de huur. Hoe leuk ik het ook vond om met mijn twee beste vriendinnen naar Amsterdam te zijn verhuisd, ik heb me nog nooit zo ongelukkig gevoeld. Weer was ik gestopt met een opleiding, mijn thuissituatie was in mijn ogen geen thuissituatie meer, ik miste mijn broer, ik miste mijn vader, en ik miste überhaupt het feit dat ik naar een thuis kon als ik me rot voelde. De keren dat ik eens in de zoveel tijd naar mijn moeder ging, kreeg ik al tranen in mijn ogen als ik zag dat ze de tafel maar voor twee in plaats van vier dekte. Ik vond het vooral heel moeilijk om geen contact meer met mijn vader te hebben en ik werd naar mijn idee met de week ongelukkiger.

Toen ik in Amsterdam samenwoonde met Anthea en Femke vond ik het moeilijk om te zien dat zij in de weekenden naar huis toe konden gaan om weer even dat familiegevoel te ervaren, terwijl dat voor mij in één klap weg was gevaagd. Ik heb nooit kunnen wennen aan de scheiding. Toen de knoop was doorgehakt ben ik in Amsterdam gaan wonen en wat ik achterliet, verdween eigenlijk. Ik nam het mijn vader in die tijd enorm kwalijk dat hij mijn moeder alleen achterliet en ik vond dat hij te weinig toenadering zocht om onze band weer te herstellen. Het deed me ongelooflijk veel pijn om te merken dat hij een ander leven leefde, met een andere vrouw gelukkig kon zijn, en ik daar niet per se bij hoorde. We hadden geen contact meer en daar baalde ik enorm van.

'Toen hij terug typte dat hij de week ervoor getrouwd was, vormde dat voor mij het moment waarop ik me realiseerde dat de vader die ik miste, niet meer de man was die hij nu was'

Na een tijdje had ik echt het idee niet meer uit dit dal te kunnen komen en toen ben ik naar mijn moeder gegaan. Daar barstte de bom en een deel van mijn emoties kwam er eindelijk uit. Eigenlijk lijken mijn moeder en ik best veel op elkaar en ik denk dat het daarom ook redelijk snel kan botsen tussen ons. Mijn moeder kan, net zoals ik, niet zo goed over haar gevoelens praten. Die avond belde ze mijn vader op die meteen naar mijn moeders huis kwam om me op te halen. In de auto op weg van Hendrik-Ido-Ambacht naar Amsterdam had ik eindelijk het gevoel dat ik mijn beste vriend weer terug had. Ik heb de hele weg terug alleen maar gehuild en toch voelde het heel fijn en vertrouwd. Eenmaal thuis legde mijn vader me in bed en kriebelde hij over mijn rug zoals hij dat vroeger altijd deed. Hij fluisterde in mijn oor dat hij bang was geweest dat hij me kwijt was en dat hij blij was dat hij me nu eindelijk weer eens sprak. We besloten samen op zoek te gaan en te kijken of er misschien iets van een therapie mogelijk was.

Achteraf is dat er nooit van gekomen omdat ik me soms als ik wakker werd weer prima voelde, tot het depressieve gevoel 's avonds weer terugkeerde. Op dat soort momenten beloofde ik mezelf plechtig de volgende dag op zoek te gaan naar een psycholoog, maar zodra ik wakker werd was er weer niks aan de hand.

Ik kwam wel zelf tot de conclusie, dat als ik mijn vader in mijn leven wilde, ik daar misschien zelf ook mijn best voor moest doen en me meer moest leren te verplaatsen in zijn situatie. Hij was toch mijn vader en ondanks dat ik het niet kon begrijpen, moest ik me ook realiseren dat hij misschien helemaal niet gelukkig was in de situatie waarin hij verkeerde in de tijd met ons gezin. Ik probeerde me eroverheen te zetten, sprak vaker met hem af en logeerde ook zo nu en dan bij hem en zijn vriendin. We gingen regelmatig uit eten en als ik niet naar Rotterdam kwam, dan kwam hij naar Amsterdam.

Toch begon het mij steeds meer te irriteren dat zijn nieuwe vriendin altijd overal bij was. Toen ik voor de eerste keer samen met mijn vader Matthijs in Parijs ging opzoeken, was ze erbij. Als we iets gingen eten, was ze erbij. En het was niet dat ik haar onaardig vond, ik vond het gewoon moeilijk dat ik me wel probeerde te verplaatsen in zijn situatie, maar dat hij dat kennelijk niet bij mij deed. Want hoe zou het voor mij zijn om nu weer contact te hebben met mijn vader, en ook meteen constant te moeten dealen met zijn nieuwe vriendin? Blijkbaar kwam die vraag niet bij hem op en dit zorgde weer voor moeilijkheden. Ik nam steeds meer afstand en merkte dat er vanuit zijn kant ook niet veel meer kwam.

'Mijn moeder kan, net zoals ik, niet zo goed over haar gevoelens praten'

Toen hij me op een dag een berichtje stuurde dat hij met me wilde bellen, voelde ik meteen dat hij zou vertellen dat hij zijn vriendin ten huwelijk had gevraagd. Natuurlijk kon ik die confrontatie aan de telefoon niet aan en daarom zei ik dat ik het te druk had om te bellen en of hij het via WhatsApp kon vertellen. Toen hij terug typte dat hij de week ervoor getrouwd was, vormde dat voor mij het moment waarop ik me realiseerde dat de vader die ik miste, niet meer de man was die hij nu was. Nog steeds vind ik het moeilijk voor te stellen hoe je in een huwelijk kunt treden, zonder dat je je kinderen daar op zijn minst van op de hoogte stelt. Vooral ook na de hele situatie waarvan mijn vader wist dat ik het er enorm moeilijk mee had. Vanaf die dag heb ik besloten geen contact meer met mijn vader te zoeken. Op 25 december 2015 heb ik voor het laatst iets van hem gehoord. Hij stuurde me toen via mijn broer een kaart met de volgende tekst:

Lieve Monica,

Deze kerst denk ik terug aan je afscheid op De Bron. In een speech werd gezegd dat iedereen later meer van je zou horen. Je ging naar de Theater-havo/vwo en al snel werd duidelijk dat het schoolsysteem je niet lag. Toch ben ik altijd blijven geloven dat je er op eigen kracht wel zou komen. Het afgelopen jaar is succesvol voor je geweest en ik ben ongelooflijk trots op wat je hebt bereikt.

En wat je in de toekomst nog zult bereiken, want je hebt veel talent! We hebben nu even geen contact, wat ik moeilijk vind. Maar ik respecteer je keuze en wil je laten weten dat ik er voor je wil zijn wanneer je me nodig hebt. Fijne kerstdagen en veel succes in 2016. Ik hou van je en hoop dat we in het nieuwe jaar weer contact zullen hebben.

**Liefs,
Papa**

Dat contact is er tot op de dag van vandaag nog niet van gekomen en de ene dag kan ik daar enorm over inzitten, en als mensen er dan naar vragen probeer ik altijd zo snel mogelijk van onderwerp te veranderen. Ik zeg dan dat ik de persoon mis die hij niet meer is en begin vervolgens snel over iets anders. Ik vind het erg moeilijk om geen contact meer te hebben met mijn vader waarmee ik vroeger het allerliefst samen was. Ik kan me nog veel momenten met hem zo goed herinneren, hoe jong ik ook was. En die herinneringen zijn me ontzettend veel waard.

Soms baal ik ervan dat ik zo slecht over mijn gevoelens kan praten, omdat ik denk dat het af en toe makkelijker zou zijn als dat wel zou kunnen. Ondanks dat ik ergens nog steeds boos op mijn vader ben, respecteer ik hem enorm. Ik heb veel van hem geleerd en bewonder zijn keuze ook ontzettend. Hij en mijn broer hebben me altijd verteld vergevingsgezind te zijn en mensen niet meteen af te schrijven zodra ze iets in mijn ogen fout doen. Ik heb daar altijd wel een handje van gehad en zij vertelden me altijd dat iedereen meerdere kansen verdient. En ondanks dat het me veel pijn heeft gedaan, bewonder ik ook het feit dat mijn vader een totaal ander leven is aangegaan rond zijn vijftigste. Het inspireert me en laat zien dat je niet voor één bepaald leven hoeft kiezen, op welke leeftijd dan ook. Mijn vader is op latere leeftijd gaan fotograferen en heeft daar een enorme passie voor gekregen. Hij is weggegaan bij ons gezin en is nu samen met iemand anders. Ik wil niet zeggen dat dat laatste een positief ding is, maar het laat wel zien dat je nooit ergens een benauwd gevoel over hoeft te hebben. Als je iets wil veranderen aan je leven kan dat gewoon, op welke leeftijd dan ook. Soms zul je daar mensen in je buurt pijn mee doen, maar het is en blijft jouw leven en het zijn jouw jaren waar je het beste van moet maken.

MET PAP

MET DANIQUE

'Doe wat je leuk vindt op het moment en als dat volgend jaar iets anders is, is en blijft dit jouw leven en moet je dat lekker gaan doen'

Danique, een vriendin van mij, vroeg me laatst wat ik zou doen als ik oneindig zou leven. Deze vraag zette me onwijs aan het denken. Dankzij de kennis die we hebben over hoelang ons leven ongeveer duurt, kunnen we ons leven daar totaal op aanpassen. Iedereen is bezig met school, vervolgopleiding, huis kopen, kinderen krijgen, carrière en pensioen. Maar als je niet zou weten wanneer je dood zou gaan, zou je jezelf toch altijd blijven vernieuwen? Waarom kan dat nu dan niet? Waarom maken mensen eigenlijk een opleiding af die ze niet leuk vinden, alleen omdat ze nu toch al drie jaar bezig zijn met die opleiding? Dit geldt niet alleen voor school, maar ook voor hobby's of vriendschappen en relaties. Sinds ik dit inzicht heb gekregen, heb ik me voorgenomen niet meer in het leven te staan met in mijn achterhoofd hoelang we allemaal nog ongeveer te leven hebben. Doe wat je leuk vindt op het moment en als dat volgend jaar iets anders is, is en blijft dit jouw leven en moet je dat lekker gaan doen.

◆ MATTHIJS

Sinds de scheiding van mijn ouders is het contact tussen mijn broer en mij een stuk beter geworden. Vroeger hadden we totaal andere interesses en heel vaak ruzie. Sinds mijn ouders uit elkaar zijn, ik naar Amsterdam, en hij naar Parijs is verhuisd spreken we elkaar bijna dagelijks. Ik weet niet of het per se door de scheiding komt maar ik ben er wel heel blij mee. Het heeft me altijd leuk geleken om nog een grote of een klein zusje te hebben, maar tegenwoordig ben ik ook blij dat ik een oudere broer heb. Hoe vaak ik het ook niet eens ben met zijn acties, ik bewonder zijn zelfstandigheid ontzettend.

Nadat hij was afgestudeerd aan de universiteit is hij in zijn eentje naar Parijs verhuisd en daar woont hij tot op de dag van vandaag nog steeds. Toen we afgelopen zomer met mijn moeder naar Bali gingen, bleef hij nog een paar weken langer om te backpacken. Afgelopen zomer was hij in zijn eentje naar Zuid-Afrika en volgens mij heeft hij nog steeds niet het idee dat hij terug zou willen keren naar Nederland. We lijken qua uiterlijk enorm op elkaar en soms vragen mensen zelfs of we een tweeling zijn, maar qua zelfstandigheid verschillen we enorm. Ik ben zelfstandig op een heel andere manier, ik weet precies wat ik wil en hoe ik dat voor elkaar wil krijgen. Matthijs zou in zijn eentje naar een club kunnen gaan en dan ook nog eens de avond van zijn leven hebben. Als ik alleen al denk aan in mijn eentje op vakantie gaan, dan krijg ik al de kriebels, dus laat staan dat ik in mijn eentje zou emigreren naar een ander land. Ik zie meteen beren op de weg en denk aan bijvoorbeeld de vreemde taal, de wijze waarop de verzekeringen daar zijn geregeld, hoe het zit met toeslagen en al dat soort ongein. Mijn broer is iemand die dat soort dingen zelf uitzoekt en alles zelf oplost, mocht hij tegen de lamp lopen. Ik zou al veel eerder om hulp vragen.

MET MATTHIJS OP DE DAG DAT HIJ AFSTUDEERDE

TOEN

OP BALI

MET MIJN BROER IN DE AUTO

Van jongs af aan waren Monica en ik wel anders. Zij was met een flamoes geboren, en ik niet. En als het dan op spelen aankwam – zoals je misschien nu ook weet – zat zij liever buiten in de modder te raggen, en in bomen te klimmen, terwijl ik dan weer liever verkleedpartijtjes deed, toneelstukjes opvoerde en samen met vriendinnen in de poppenhoek zat... Toen ik ouder werd, werd ik van het heilige boontje, een theatrale nerd; terwijl Monica juist meer bezig was met haar (in mijn ogen opstandige en coole) imago. Daarnaast hadden we natuurlijk ook net als heel veel andere broers en zussen ruzie. En vaak werd een meningsverschil dikke oorlog, met alle wapens die we in de keuken konden vinden van dien. Of dat nou ging omdat ik te hard zong, te vroeg opstond of gewoonweg irritant was, dat maakte op een gegeven moment ook niet meer uit.

Ondanks dit alles, hebben we toch meer dingen gemeen dan we misschien nog zouden willen toegeven. En dit is niet alleen als we een gerecht uitkotsen omdat er koriander in is gegooid. Dit zie ik voornamelijk terug als ik Mo's vlogs kijk. Of zelfs als we samen uit eten gaan, en we elkaars gedachten kunnen lezen in verschillende situaties. Naast dat ik enorm trots op haar ben, ben ik misschien nog wel het meest trots op het feit dat ze sowieso haar fucking droge humor nooit is kwijtgeraakt.

We hebben veel vakanties samen urenlang in de auto meegemaakt. We keken samen standaard elke zondag met ontbijt op bed naar *Villa Achterwerk* met *Theo & Thea*, *Loenatik* en *Zaai* en misten vrijwel nooit een aflevering van *Gooische Vrouwen*. En gelukkig weten er maar verdomd weinig mensen – zeker als we dan een keer samen toneelstukjes deden – hoe debiel we af en toe kunnen zijn.

En zelfs, als een van ons ruzie had met een van onze ouders, vormden we samen een sterk team. Ook als we dan in onze kamers hutten bouwden was het supergezellig en de nachten dat we een tent opzetten in de woonkamer om samen te kamperen zal ik ook nooit vergeten. Ik kan me nog goed herinneren dat we op een dag iedereen waar we een hekel aan hadden, hadden nagetekend. Die tekeningen hingen we op in een van onze gebouwde hutten en toen we de kurkencollectie van mijn ouders uit de keuken hadden gejat begonnen we de tekeningen met kurken te bekogelen.

Bij onze Indische opa en oma konden we ons ook altijd vermaken, en in onze geeloranje Jip en Janneke-pyjama's van de Hema zaten we dan ook graag in de draaistoel 'achtbaantje' te spelen. Of dan zaten we op de witleren hoekbank met thee met melk nadat we lekker 'oma's spaghetti' hadden gegeten, terwijl opa en oma naar *As The World Turns* en *The Bold & The Beautiful* keken lang nadat *Telekids* was afgelopen. Dit alles nadat we in de Intertoys-catalogus op elke pagina ons favoriete speelgoed hadden aangekruist.

En of ze nu in m'n nek zeikte in een zwembad, of ze me voor rotte vis uitmaakte omdat ik het lef had om te beginnen met neuriën; ik zal nog altijd proberen haar een kusje op haar wang te geven ondanks dat ze dat niet van haar trotse broer wil.

MET RONNIE IN HET VLIEGTUIG
VAN SURINAME NAAR CURAÇAO

◆ DJ-WERK

Nadat ik naar Amsterdam was verhuisd, ging ik steeds minder vaak mee naar shows. Het was nogal een gedoe om eerst met de trein naar Rotterdam te gaan, vervolgens een show in Groningen te hebben en dan midden in de nacht weer afgezet te worden bij bijvoorbeeld een station in Utrecht. De tourmanager van Ronnie begon het dj-werk steeds vaker van mij over te nemen. Een van de laatste keren dat ik als dj tijdens een show van Ronnie diende, was in december 2015. We hadden nog een paar shows in Suriname en we hebben er toen met zijn allen een paar dagen vakantie op Curaçao aan vastgeplakt. Ik heb ontzettend veel meegemaakt met de jongens, maar ik merkte wel dat het op een gegeven moment klaar was. De jongens kennen amper grenzen en naarmate ik ouder werd, kwam ik erachter dat ik het roekeloze dat zij hebben, niet echt heb. Ik hou er niet van om de controle te verliezen en bijvoorbeeld zoveel te drinken dat je niks meer kunt. Niet dat dat nooit gebeurd is, maar ik vind het een vervelend gevoel. Daarom gebruik ik ook bijna nooit drugs. Ik kan er niet tegen om een bepaald stofje in te nemen dat jou en je lichaam verandert en waar je vervolgens geen controle meer over hebt.

Mijn favoriete momenten waren wel de pranks die we uithaalden. Ooit heb ik tijdens een zomertour in het vliegtuig op Ronnies schoot een condoom met crème neergelegd. Hij wist niet wat hem overkwam toen hij wakker werd gemaakt door een stewardess. Of een ochtend toen we wakker werden in Suriname en rotjes afstaken in de slaapkamer van zijn manager. Nu ik dit zo typ, vraag ik me echt af waar the fuck we mee bezig dachten te zijn. Er bestaan maar weinig meer onverantwoordelijkere dingen dan dat, maar die ochtend hebben we er zo belachelijk hard om kunnen lachen.

'In plaats van te oefenen, downloadde ik een of andere Dirtyhouse mixtape van een uur'

In die periode kwam er tijdens boekingen van Ronnie ook steeds vaker de vraag of ik ook los te boeken was. Ik wees dat allemaal af omdat ik geen idee had hoe ik moest mixen en slechts op play drukte tijdens een set van Ronnie. Hoe kon ik met deze ervaring überhaupt ja zeggen tegen een boeking?

SHOW MET RONNIE OP DUTCH VALLEY

Axel, destijds de manager van Ronnie, zei dat ik gewoon moest gaan oefenen en een keer ja moest zeggen tegen een boeking. Ik was *obviously* te lui om dat te doen en in plaats van te oefenen, downloadde ik een of andere *Dirtyhouse mixtape* van een uur. Die brandde ik op een cd en eenmaal aangekomen op het feest zette ik deze aan. Nadat ik vijf keer een stem door de zaal hoorde gaan met *DIRTYHOUSE MIXTAPE 2012!* werd het gênant. Het was de eerste en laatste keer dat ik zoiets zo zou doen, haha.

Doordat we op veel plekken kwamen ontmoetten we ook andere artiesten die op dezelfde feesten moesten optreden. Zo ontmoette ik Steven, de dj van rapper Jebroer. Ik raakte goed bevriend met hem en hij heeft weken achterelkaar zijn vrijdagmiddag vrijgemaakt om mij in een studio in Amsterdam-West te leren mixen. Na een tijdje kreeg ik het echt onder de knie en kon ik het gewoon. Toch komt het ook nog vaak voor dat ik op een feest aankom, en de persoon die mij geboekt heeft aan mij vraagt wat voor muziek ik draai. Dan is mijn hele motivatie om nog een goede set neer te zetten direct weg, omdat ik dan al weet dat het niet uitmaakt wat ik daar doe en ze me niet geboekt hebben omdat ze denken dat ik een goede set neer ga zetten.

OUD EN NIEUW 2015: DJ'EN MET RONNIE

DRAAIEN TIJDENS RONNIES SHOW OP
HET METROPOLIS FESTIVAL IN ROTTERDAM

Af en toe voel ik me ook wel eens schuldig dat ik mijn geld kan verdienen met draaien, terwijl dit niet mijn passie is. Als ik dan denk aan al die jongetjes die vanaf hun twaalfde op hun zolderkamer remixes maken en proberen te draaien of te produceren, zou ik ze graag mijn positie willen geven. Maar goed, *never hate on the hustle* is een van mijn motto's. Personen die me ongelijk geven zijn gewoon haters. Dat vind ik ook met bijvoorbeeld Dave Roelvink. Misschien had die jongen vanaf het begin niet de passie om dj te worden, maar uiteindelijk kan de man mixen en verdient hij zijn geld door het hele land door te rijden om een show neer te zetten. Daar kan ik alleen maar respect voor hebben. Hoe je het ook doet, als je er moet staan, dan sta je er.

Als mensen mij vragen hoe het allemaal is begonnen en wanneer ik meer succes begon te krijgen, dan verwijs ik altijd naar Ronnie. De basis hiervoor ligt bij hem. Tuurlijk heb ik er zelf alles aan gedaan om het uit te breiden, maar zonder Ronnie had ik nooit een opstapje gehad en was ik, denk ik, überhaupt nooit begonnen met vloggen.

> 'Never hate on the hustle is een van mijn motto's. Personen die me ongelijk geven zijn gewoon haters'

◆ VLOG #1

‘Waarschijnlijk is dit de tiende keer dat ik mijn eerste vlog opneem, maar ik weet niet goed hoe ik het moet gaan doen. Mijn idee is om alles wat ik doe vast te leggen op video. Ik heb vandaag nog niet zoveel gedaan, maar dat hoort ook niet op een zondag, vind ik. Ik ga maar eens beginnen met mijn kamer opruimen.’

'Ik vond het nogal een onwerkelijk idee, waarom moest ik mezelf iedere dag gaan filmen? Was dat niet narcistisch?'

Voordat ik zelf begon, keek ik altijd naar de vlogs van Mascha Feoktistova. Zij gaf aan te kijken naar de vlogs van Enzo Knol en zo begon ik die ook te kijken. Destijds had ik een relatie met Jorik, nu beter bekend als Lil' Kleine, en ik vond het heel leuk om iedere ochtend vlogs te kijken. Ik had Jorik ontmoet via Ronnie en vanaf de eerste dag dat we elkaar kenden, was er geen dag dat we geen contact hadden. Hij woonde in Amsterdam, dus toen ik daarheen verhuisde waren we iedere dag samen. Via hem heb ik enorm veel mensen leren kennen en hij heeft me heel veel plekken in Amsterdam laten zien. Jorik vroeg zich altijd af waarom ik naar die vlogs keek en kon het niet begrijpen. Toch bleef ik kijken en op een dag vroeg hij me waarom ik het niet zelf ging doen. Ik vond dat nogal een onwerkelijk idee, want waarom moest ik mezelf iedere dag gaan filmen? Was dat niet narcistisch, en hoe durfde ik te denken dat ik interessant genoeg was om naar te kijken? Ik zocht naar een andere insteek om het idee voor mezelf te vergoelijken en zo dacht ik dat het misschien ook leuk was voor de fans van Ronnie om te zien hoe het er bijvoorbeeld backstage bij zijn shows eraan toeging.

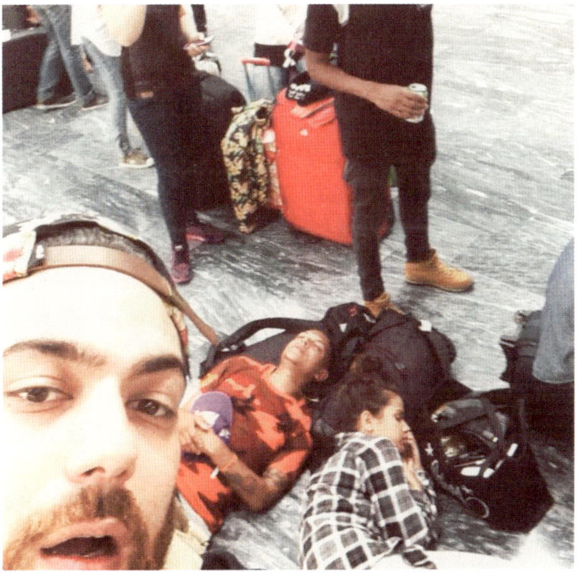

TIJDENS DE ZOMERTOUR SLAPEN RONNIE EN IK OP DE GROND VAN EEN VLIEGVELD

Op een dag ging ik met Jorik naar de releaseparty van het nieuwe album van Sjaak in de Bitterzoet in Amsterdam. Mascha was daar toevallig ook, en Jorik vertelde haar dat ik iedere dag haar vlogs bekeek. Ik schaamde me enigszins omdat ik het toch een beetje een gek idee vond dat ik bijna alles over haar wist, omdat ik iedere ochtend naar een video keek over haar dagelijkse leven. Toen ik haar ontmoette zag ik dat ze, buiten dat ze heel aardig was, ook gewoon een heel normale vrouw was. Ik had haar onbewust op een soort voetstuk gezet omdat ik het leuk vond om iedere dag naar haar te kijken. Toen ik haar zelf ontmoette, besefte ik dat ook zij gewoon een mens is, die alleen haar leven iedere dag filmt. Die ontmoeting heeft me ertoe gezet om toch te starten met vloggen. Iedereen heeft een ander leven en ik vind het juist leuk om, nu steeds meer mensen vloggen, te zien hoe ieders leven zo verschillend kan zijn.

Doordat ik al werkte als dj voor Ronnie, had ik al aardig wat volgers op Instagram. Ik denk dat toen ik begon, het er ongeveer negenduizend waren, en dat was toen best wat. Omdat ik was gestopt met school, werkte ik tijdelijk in een Bagels & Beans-filiaal dat vlak naast ons appartement zat. Ik had geen idee wat ik verder wilde doen, maar werkte voor *the time being* daar, naast dat ik natuurlijk werkzaam was voor Ronnie. Toen ik begon met vloggen had ik nog niet het idee hier mijn werk van te kunnen maken en dat was ook niet de intentie. Ik vond het leuk om naar video's te kijken en wilde nu zelf degene zijn die dat soort video's op een eigen manier maakte. Ik had nog een oude camera liggen en begon met uit te zoeken hoe iMovie werkte, zodat ik mijn beeldmateriaal kon monteren voordat ik het op YouTube zou zetten. Ik had ooit al een kanaal aangemaakt met monicageuze95 als gebruikersnaam en gebruikte dat account hiervoor, erg handig dacht ik toen. Achteraf had ik natuurlijk liever gehad dat het gewoon alleen mijn naam was geweest, maar daar stond ik op dat moment niet bij stil.

'Mijn camera is eigenlijk een soort beste vriendin met wie ik mijn dag deel'

Toen ik begon met video's uploaden kreeg ik veel scheve gezichten. Vooral van mensen die ik vaag kende. Ik ging toen het meeste om met Femke, Anthea en Jorik, zij stonden achter mijn keuze en vonden het alleen maar leuk voor me. Toch hoorde ik dat mensen, die ik bijvoorbeeld kende van de scholen waar ik op had gezeten, het maar raar vonden. Wie dacht ik wel wie ik was om mijn eigen leven dusdanig interessant te vinden om het op internet te posten? Soms krijg ik die vraag nog steeds, en ik heb er geen antwoord op. Ik vind mezelf en mijn leven namelijk helemaal niet interessant genoeg om op internet te gooien, maar toch merk ik dat het werkt. Ik kan mijn vinger er niet op leggen waarom, maar ik denk dat het gewoon menselijk is om het leuk te vinden in iemand anders leven te creepen. Op dit gebied zijn de Kardashians in mijn ogen een van de meest succesvolle merknamen ter wereld. Ze hebben nu weet ik veel hoeveel seizoenen een eigen realitysoap en het enige wat ze hier in doen is salades eten terwijl ze hun nagels laten lakken. Toch verandert alles wat ze aanraken in goud en is het standaard een succesformule. Daar heb ik onwijs veel bewondering voor.

Ondanks de scheve gezichten, kreeg ik hier ook wel meteen een paar duizend views voor terug. Ik zag dat het werkte en dit motiveerde mij om door te gaan. Ik vond het heel leuk om te doen, maar had er ook zo mee kunnen stoppen. Ik zit namelijk ook zo in elkaar, dat als het succes voor mij niet snel genoeg zichtbaar is, ik ermee stop. Want waarom zou ik iets wat niet goed loopt online blijven zetten? Dan hou ik het wel liever privé. Hoewel ik er zelf zo in sta, vind ik het ook mooi om te zien dat sommige kleine YouTube-kanalen volhardend zijn en toch door blijven gaan met uploaden in de hoop dat het op een dag word opgepikt. Daar heb ik alleen maar respect voor, want ik weet dat ik zelf sneller de handdoek in de ring zou gooien.

Mijn vlogs beginnen altijd thuis of in de auto. Dan zeg ik wat ik aan heb, vervolgens ga ik iets doen, en telkens geef ik even een update. Mijn camera is eigenlijk een soort beste vriendin met wie ik mijn dag deel.

Op het moment dat ik wakker word en de camera aanzet, heb ik nog geen idee wat ik ga zeggen of doen. Ik zal in ieder geval nooit iets speciaal doen om maar een leuke video te hebben. Dan is het eerder pech en heb ik maar een keer geen leuke video. Ook ben ik nooit bezig met de vlog van morgen. Ik vlog een week vooruit; wat ik vandaag film komt volgende week online. Als ik een dag vrij ben, edit ik wel vijf filmpjes achter elkaar. Het voelt ergens wel als een soort druk om iedere dag een video online te zetten, maar dan bedenk ik me altijd dat het mijn eigen kanaal is. Als ik een video niet upload dan doe ik het gewoon niet.

Ik denk dat als je niet dagelijks, maar wekelijks vlogt, het contact met de kijker afstandelijker is. Je bouwt een persoonlijke band met je kijkers op en mensen moeten het gevoel hebben dat ze je echt kennen. Vloggen is heel verslavend. Ik vind het heerlijk als ik naar de groei van mijn statistieken kijk, als ik zie dat mijn bereik groeit of om te raden hoeveel duimpjes ik nu weer omhoog zal krijgen.
In de afgelopen twee jaar heb ik heel soms niet gevlogd, dat was dan omdat ik niet zo lekker in mijn vel zat of omdat ik chagrijnig was, maar nooit omdat ik het vloggen zelf niet meer leuk vond. Als ik een week niet heb gefilmd, dan merk ik dat het mis. Mijn dag is eigenlijk niet compleet als ik niets heb gefilmd. Als ik iets leuks doe en ik registreer het niet, dan vind ik het bijna zonde van de dag. Dit is nu eenmaal de wereld waarin we nu leven. Als je op social media actief bent en iedereen volgt je leven, dan lijkt het alsof er niets gebeurt als je niet iets vastlegt. ◆

BIJNA ALTIJD IN DE AUTO

Favorite...
RESTAURANTJES IN AMSTERDAM

1 PALLADIUM

EEN VAN DE PLEKKEN WAAR IK HET MEEST KWAM TOEN IK NET IN AMSTERDAM WOONDE. NOG STEEDS GA IK ER REGELMATIG HEEN VOOR EEN LUNCH, DINER OF DRANKJE. FIJNE KAART, LEUK PERSONEEL EN JE KOMT VAAK BEKENDEN TEGEN.

2 GEORGE

EIGENLIJK VERGELIJKBAAR MET PALLADIUM, MAAR DAN MET EEN FRANSE KEUKEN EN KLASSIEKERE INRICHTING. JE KOMT ER OOK BEKENDEN TEGEN, MAAR HET IS MINDER ZIEN EN GEZIEN WORDEN DAN BIJ PALLADIUM.

3 RED

OOK EEN VAN MIJN FAVORIETE RESTAURANTS IN AMSTERDAM. HET HEEFT EEN WOONKAMERSFEERTJE EN ALLEEN KAVIAAR, KREEFT EN TOURNEDOS OP DE KAART.

4 VAN DAM

HEEL FIJNE PLEK IN AMSTERDAM-ZUID VOOR EEN LUNCH OF DINER.

5 THE DUCHESS

ECHT EEN VAN MIJN FAVORIETE SPOTS OM TE ETEN: ALLEMAAL KLEINE GERECHTJES OM TE DELEN EN ECHT ALLEMAAL VAN TOPKWALITEIT. ZO LEKKER.

6 TEDS

KLEIN ZAAKJE IN AMSTERDAM WAAR JE ECHT SUPERLEKKER KAN ONTBIJTEN OF BRUNCHEN. IK GA HIER VEEL TE WEINIG HEEN, MAAR ALS IK AAN HUN PHILLY CHEESE STEAK SANDWICH DENK, HEB IK ECHT ZWARE CRAVINGS.

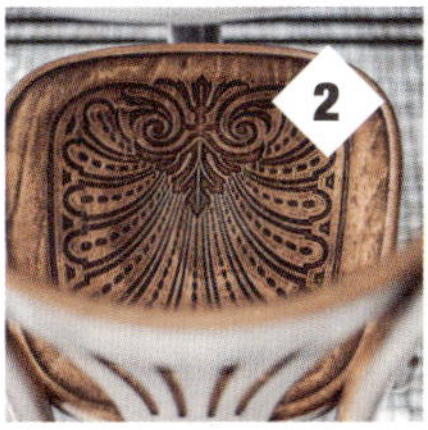
2

2
CAFE
GEORGE
OPEN

3

2

VANDAM
4

4

6
TEDS.
Brand
fritz-kola

5

5

[redacted]

NU

[redacted]

◆ VLOG #705 & #706

'Goedemorgen en welkom bij een nieuwe video. Het is vandaag vrijdag. En ik ben onderweg naar de kapper, ik ben al best wel lang wakker, vanaf negen uur of zo. Ik heb in bad gezeten en ik heb me aangekleed, ik heb een trui aan van Topshop, tas Gucci, broek Zara, en Isabel Marant-sneakers. Ik ga even snel een broodje halen en dan ga ik naar de kapper voordat het rode er weer echt doorheen komt, ik wil nu dat mijn haar permanent donker blijft.

Dus dat is wat we vandaag gaan doen.'

'Vol verbazing zag ik dat ik met YouTube evenveel had verdiend als met mijn baantje in de kledingwinkel'

◆ SUCCESVOL VLOGGEN

Ruim twee jaar verder heb ik veel video's om terug te kijken, en mijn favoriete vlogs zijn de vlogs waarin ik met vriendinnen dagjes weg ben. Soms vergeet je bepaalde dagen en als ik dan een oude vlog terugkijk, komen de herinneringen ineens weer terug. Wel vind ik het echt vreselijk om mezelf in mijn eigen video's terug te zien, want vooral op de leeftijd waar ik nu in zit, verander je constant. Je bent continu bezig met wie je bent en wat je wil worden of wat je wil uitstralen. Zo kan ik mezelf in een vlog van acht maanden geleden alweer een ander mens vinden dan ik nu ben. Dit is ook wat ik veel hoor, dat ik veel veranderd ben in vergelijking met mijn eerdere vlogs. Ik vind dat niet zo raar. Toen ik begon met vloggen werkte ik nog bij Bagels & Beans en daarna ben ik in een kledingwinkel gaan werken. Toen mijn vlogs steeds populairder werden, wilden bezoekers van de kledingwinkel soms met mij op de foto. Dat vond ik altijd erg ongemakkelijk, en als collega's mij dan vroegen waarom die mensen met me op de foto wilden, haalde ik m'n schouders op en keek ik met vuurrode wangen snel de andere kant op.

Langzamerhand was ik het zat om in de winkel het minimumloon van €3,70 per uur te verdienen. Toen ik vervolgens een keer mijn bankrekening bekeek terwijl ik in bad zat, zag ik dat de inkomsten van mijn YouTube-kanaal binnen waren. Vol verbazing zag ik dat ik die maand met mijn YouTube-activiteiten evenveel had verdiend als met mijn baantje in de kledingwinkel. Even voor de duidelijkheid, dit ging om ongeveer vierhonderd euro. Ik bedacht dat ik beide banen aan kon houden voor achthonderd euro per maand, of dat ik kon stoppen in de kledingwinkel om meer aandacht te gaan besteden aan het vloggen. Ik besloot te stoppen in de kledingwinkel en weer bij Bagels & Beans te gaan werken. Wel voor maar een of twee dagen in de week, puur als extraatje. Na een halfjaar kon ik leven van mijn YouTube-werkzaamheden en ben ik gestopt met al mijn bijbaantjes. Ik had naast het werken bij de lunchroom en de kledingwinkel namelijk ook nog twee oppasadressen. Bij het ene gezin bracht ik vaak 's ochtends het vijfjarige zoontje naar school, en bij het andere adres was ik 's avonds om samen met het zoontje pizza op de bank te eten. Sander, de vader van dit tweede oppaskindje, was iemand met wie ik wel veel kon praten over mijn gevoelens. Ik heb hem ontmoet in een supermarkt en hij is een van de meest inspirerende personen die ik ooit heb leren kennen. Sander is altijd bezig met op zijn eigen manier te ondernemen, en heeft voor alles wat hij doet een enorme passie. Hij voedt zijn zoontje enorm open op en is in alles heel relaxed. De laatste tijd spreek ik Sander een stuk minder vaak, maar in de periode waarin ik mijn vader veel miste, was hij iemand waarbij ik vaak mijn hart kon luchten en kon praten over de situaties waarin ik verkeerde.

MIJN OPPASKINDJE SILVEN, HET ZOONTJE VAN SANDER

◆ VLOG #707

'Goedemorgen, vandaag is het zondag en ik ben zo moe. Ik moest gisteravond draaien, volgens mij sliep ik vannacht om 4.30 uur of zo. Mijn stem is ook redelijk weg. En ik ga nu naar de Beekse Bergen.'

Mensen vragen me soms hoe het komt dat terwijl er zoveel mensen zijn die vloggen, maar zo weinig hiervan echt succesvolle vloggers zijn. Ik weet het antwoord hierop ook niet. Het is ongrijpbaar. Hetzelfde geldt voor bloggers, want waarom spreekt de stijl van het ene blog een grote groep mensen aan en die van een ander niet?
Je zou zeggen dat er voor iedere doelgroep een vlogger bestaat, als jij bijvoorbeeld van vegan life houdt, kijk je waarschijnlijk niet naar mij, die zo van vlees houdt. Ik weet sowieso niet goed waarom mensen naar mij kijken, in plaats van naar een ander of andersom.
Je kunt natuurlijk van alles proberen om abonnees te werven, maar er is toch ook iets als een magic factor. Na een jaar vloggen had ik ongeveer 80.000 abonnees, eind 2016 waren dit er 260.000, en het stijgt nog steeds. Als je naar mijn statistieken kijkt, zijn verreweg de meeste kijkers vrouw, zo'n 83 procent. Bijna de helft van de kijkers is tussen de 18 en 24

jaar en slechts 5,6 procent is tussen de 13 en 17. Nu zijn deze statistieken maar deels waar. Vaak geven minderjarigen aan dat ze meerderjarig zijn, zodat ze bepaalde content op YouTube wel kunnen zien, terwijl die anders afgeschermd zou zijn.

Ik heb eigenlijk maar één tip voor mensen die willen gaan vloggen: begin op een dag gewoon. Eigenlijk kan iedereen vloggen, – nou ja, niet iedereen heeft er zin in om zijn hele leven iedere dag te filmen, te editen en op internet te gooien, – maar als je het wil, dan kan het. Er is niets wat je kan doen om je kanaal succesvol te maken. Het spreekt mensen aan of niet en that's it. Ik krijg vaak de vraag hoe mensen moeten beginnen met vloggen. De enige manier om te beginnen, is door het daadwerkelijk te gaan doen, net zoals met alles in het leven. Je zal best weleens je neus stoten en ook ik heb video's online staan die ik achteraf liever van internet had gehaald. Maar uiteindelijk hebben ze wel meegewerkt aan het succes van mijn YouTube-kanaal. Ik vind het een beetje awkward om het woord succes op te schrijven omdat er in mijn ogen nog veel meer te halen valt en ik nog lang niet zo succesvol ben als dat ik zou willen zijn. De enige die het succes naar het level kan tillen waarop ik het graag zou willen zien, ben ik zelf. Ik zeg vaak tegen mensen dat ik geen dromen heb, maar die heeft iedereen. Ik spreek ze alleen niet uit want ik geloof dat als je er zelf in gelooft en de juiste motivatie en drijfveer hebt, je op een dag staat waar je altijd hebt willen staan.

'Vroeger kon je niet zeggen dat je later vlogger wilde worden. Dit beroep bestond toen nog niet'

Soms kan ik me eraan ergeren dat mensen van bijvoorbeeld mijn oude school iets opmerken in de trant van 'ja, je hebt het wel echt gemaakt nu'. Ik snap dit nooit zo goed, want dat wordt alleen maar gezegd omdat ze mijn beroep in het openbaar kunnen volgen. Ik heb nooit geweten wat ik wilde doen en ben langzamerhand dit wereldje in gerold. Als ik vroeger had geweten dat ik graag advocate had willen worden, en ik zou nu eigenaresse van een succesvol advocatenkantoor zijn, dan had ik tegen mijzelf kunnen zeggen dat ik het gemaakt had omdat mijn droom werkelijkheid was geworden. Nu heb ik dat nog lang niet, maar dat is ook logisch want vroeger kon je niet zeggen dat je later vlogger wilde worden. Dit beroep bestond toen nog niet en nog steeds komen er iedere dag weer nieuwe beroepen bij met honderden manieren om die uit te oefenen.

◆ VLOG #82

'Hai, even een korte update waarom er de afgelopen dagen geen vlogs waren, dat komt omdat mijn camera kapot was. Ik heb weer een nieuwe, maar dat betekent wel dat er de komende drie dagen nog geen vlogs komen, omdat ik eerst vooruit moet filmen. De camera was een soort van automatisme geworden en als-ie dan kapotgaat heb je even helemaal niets meer.'

WINKELEN MET DANIQUE

Ik heb met mezelf de afspraak gemaakt dat ik iedere dag om 20.00 uur een video plaats. Toch lukt het me naar mijn idee nog iets te vaak niet en soms baal ik daar enorm van. Hier komt toch een beetje het tafereel van de slechte cijfers terug: de eerste keer baal je als een stekker als je vlog niet op tijd online staat, maar als het je een week lang niet lukt, dan ebt dat gevoel langzaam weg. In tegenstelling tot vroeger ben ik me er nu wel veel bewuster van dat dit nu mijn werk is, en dat ik er echt alleen mijzelf mee heb als ik het niet doe en volgers me hierom op een gegeven moment zat zijn. Natuurlijk, je kunt ook zeggen dat je met niemand een contract hebt en dat je je video plaatst wanneer je dat zelf wil. Maar zonder je kijkers ben je nergens en je zal dus ook rekening moeten houden met wat zij het liefste willen. Soms vind ik dat moeilijk, want ik vind het heerlijk om eigen baas te zijn. Op dat soort momenten betrap ik mezelf erop dat ik, naïef als ik ben, denk dat het mijn leven is en niemand daar iets over te vertellen heeft. Dit moet je natuurlijk in het grotere plaatje zien; als mensen het niet meer leuk vinden om naar mij te kijken, heb ik geen werk meer.

Sinds ik ben begonnen met vloggen, zit mijn kanaal in een stijgende lijn. Hierdoor bekruipt me soms wel een beetje het gevoel dat ik untouchable ben en mijn werk nooit zal stoppen. Mijn vriendin Danique wijst me er vaak op dat ieders succes zo ineens verdwenen kan zijn, en daardoor ben ik de laatste tijd wel wat voorzichtiger hierover. Ik denk er liever niet te lang over na, maar ik realiseer me de laatste tijd maar al te goed dat dingen van de een op de andere dag zo over kunnen zijn.

Hoe meer views je krijgt, hoe meer mensen je ook niet leuk vinden en dus vervelende comments achterlaten. Dit worden er steeds meer en zo ben ik ooit terechtgekomen op een forum waar een aantal meiden zonder genade over mij tekeergingen. Ik ben in huilen uitgebarsten en wilde direct stoppen.

◆ VLOG #547

‘Je kiest er zelf voor om naar mij te kijken, het hoeft niet, je klikt mijn video gewoon zelf aan, dus als iemand dan iets kuts zegt is dat hetzelfde als dat iemand op straat naar mij toekomt om iets kuts in mijn gezicht te zeggen, dan zou ik ook zoiets terugzeggen, van “hou je bek” of “je hoeft niet te kijken”.’

'Een video van een kwartier waarin ik aan één stuk door aan het huilen ben: meer dan een half miljoen views'

Een vriendin van me gaf aan dat het logisch was dat niet iedereen me leuk vond. Dit soort dingen moest ik gewoon niet meer lezen en dat heb ik vervolgens ook nooit meer gedaan. Ik vind het moeilijk om met kritiek om te gaan. Als iemand me lelijk noemt of in een comment zegt dat hij of zij me een kutwijf vindt, dan boeit me dat niet meer en voel ik daar niks bij. Maar als mensen comments plaatsen die totaal niet waar zijn of die me echt aangaan, dan reageer ik erop. Veel mensen zeggen dat ik erboven zou moeten staan, en er geen aandacht aan zou moeten schenken, maar daar ben ik het niet mee eens. Je bezoekt mijn YouTube-kanaal om vervolgens na het kijken van een door mij gepubliceerde video, een nare comment over mij te posten. Ik vind dat ik daar een reactie op moet kunnen geven als ik het er niet mee eens ben. Als iemand op straat naar mij toekomt en me vertelt wat hij of zij van me vindt, dan reageer ik daar ook op.

Als ik zie dat een bepaald account regelmatig negatieve comments plaatst, dan blokkeer ik dat. Ik doe gewoon mijn ding en ik doe iets wat ik leuk vind. Dat vind ik veel belangrijker dan mijn humeur te laten verpesten door de comments van iemand die het niet leuk vindt wat ik doe.

◆ PRIVÉ

Hoewel ik bijna geen privacy meer over heb, is er nog genoeg dat ik ook niet film. Soms vragen mensen mij waar de grens ligt, maar meestal voel ik dat gewoon aan. Bepaalde situaties vind ik gewoon niet nodig om aan dat hele wereld te laten zien, terwijl me dit op andere momenten niet zoveel uitmaakt. Van bepaalde video's heb ik achteraf wel zoiets dat ik ze liever zou verwijderen, maar toch maken ook die mijn kanaal tot wat het is. Zo heb ik ooit in de periode waarin ik niet lekker in mijn vel zat, een video gemaakt waarin ik vertelde over de scheiding van mijn ouders. Het was een video van een kwartier waarin ik aan één stuk door aan het huilen ben. Inmiddels heeft deze video meer dan een half miljoen views en krijg ik er nog iedere dag berichten over. De een zegt dat ik me aanstel, terwijl de ander zijn of haar eigen verhaal met mij deelt. Ik heb er vaak aan gedacht om die video van mijn kanaal af te halen, maar de hoeveelheid berichten die ik binnenkrijg van kijkers die er iets aan gehad hebben, is me meer waard dan het feit dat ik me een beetje schaam omdat ik daar zo'n emotioneel wrak was.

Ook een video waarin ik totaal uit mijn slof schoot omdat ik een dode muis in mijn huis vond, haal ik er liever vanaf. Maar ook dit is een goed bekeken video, want leedvermaak scoort natuurlijk altijd. De video heb ik gemaakt nadat Femke, Anthea en ik na twee jaar samenwonen besloten allemaal een eigen plekje te zoeken. Vroeg of laat moest dit toch gebeuren en het leek ons allemaal het geschikte moment. Ik vond een huurhuis achter de Kinkerstraat en kon niet wachten om er in te trekken. Het was een oud, maar volledig gerenoveerd pand. Al snel kwam ik erachter dat er waarschijnlijk hele nesten met muizen tussen de muren en boven de plafonds zaten. En als ik ergens bang voor ben, dan zijn het wel muizen en andere knaagdieren. Toen ik op een ochtend thuiskwam nadat ik ergens anders was blijven slapen, kreeg ik de schrik van mijn leven. Ik zocht wat kleren en stond bijna op iets wat naast mijn bed lag en waarvan ik niet direct kon plaatsen wat het was. Het bleek dat er vlak naast mijn bed een dode muis lag. Ik heb nog nooit zoveel paniek in mijn lichaam gevoeld als die ochtend. De meeste mensen zullen nu wel vinden dat ik me aanstel, maar ik kan er gewoon niks aan doen dat ik hiervan helemaal overstuur raak. Er was niemand bij me, alleen mijn camera, dus pakte ik die maar snel en ben ik, na een kwartier gillen, huilend tegen de camera aan gaan praten. Toen ik deze video een week later aan het editen was, vroeg ik me wel af of het handig zou zijn om deze online te plaatsen.

Aan de andere kant was het voor mij zo'n heftige gebeurtenis, dat ik het raar zou hebben gevonden als ik hem niet zou hebben gedeeld, terwijl ik bijna dagelijks een video over mijn leven plaatste.

'Er was niemand bij me, alleen mijn camera, dus pakte ik die maar snel en ben ik, na een kwartier gillen, huilend tegen de camera aan gaan praten'

Sinds ik iedere dag bijna alles film, is het lastig om sommige situaties toch privé te houden. Ik stond er aan het begin niet bij stil dat het wellicht niet handig zou zijn om te filmen waar ik woonde. Inmiddels ben ik drie huizen verder en doe ik er alles aan om zoveel mogelijk te verbergen waar ik woon. Sommige mensen snappen namelijk niet dat het best angstaanjagend kan zijn als er een vreemde aan je de deur staat voor een praatje of een foto. Ook vind ik het moeilijk om op het gebied van mijn liefdesleven de grens qua vloggen te trekken.

Nadat we best vaak periodes hadden waarin het slechter ging, liep mijn relatie met Jorik na vier jaar op de klippen. Natuurlijk deel je niet alles met je kijkers, maar als zoiets tot een einde komt, dan moet je daar toch iets over vertellen. Nog steeds blijven er reacties en vragen komen, ondanks dat ik heb aangegeven hierover niks kwijt te willen. Dit zal wel iets te maken hebben met een vinger geven…

Hoewel het super menselijk is, kan ik er af en toe enorm moe van worden dat mensen vooral geïnteresseerd zijn in datgene wat je niet wil delen. Toen mijn relatie met Jorik eindigde, besloot ik er in de toekomst opener over te willen zijn. Het brengt alleen maar meer vraagtekens met zich mee als je er niets over zegt, en bovendien is het normaal dat relaties over kunnen gaan of dat je in een nieuwe stapt. Niet lang nadat mijn relatie tot een eind kwam, heb ik iemand anders ontmoet. Ik heb ervoor gekozen dit wel meteen in mijn video's te laten zien, want anders leef je een soort van dubbelleven met een leven dat je wel laat zien, en een leven dat eigenlijk verborgen is. Voor niemand leuk of interessant, lijkt me.

Wat ik het meest vervelend vind aan het feit dat ik mijn privacy grotendeels kwijt ben, is denk ik wel de eindeloze onbekende oproepen. Je blijft je telefoonnummer veranderen en toch blijven er nog steeds kijkers die het een goed idee vinden om je samen met hun vriendengroepje 's avonds op te bellen of, nog erger, naar je huis te komen. Als je al bijna je hele leven op internet gooit, is het soms zo frustrerend dat dit voor sommige mensen niet genoeg blijkt te zijn. Maar ik voel me ook slecht als ik hierover klaag want dit zijn toch ook de mensen waardoor je kunt doen wat je doet. Ik ben daar iedere kijker oprecht dankbaar voor, er zijn alleen wel grenzen en ik vind het soms lastig hoe ik hiermee om moet gaan. Ik heb me ooit voorgenomen om nooit ofte nimmer nee tegen iemand te zeggen die met me op de foto wil als ik er wel de tijd voor heb. Het blijft onwerkelijk en een absolute eer dat mensen überhaupt met me op de foto willen; een gegeven paard moet je niet in de bek kijken. Helaas heb ik nu al een paar keer meegemaakt dat ik zit te eten in een restaurant en er mensen tijdens het eten vragen of ze met mij op de foto mogen. Dat vind ik gewoon niet zo netjes, maar dat zal een normen- en waardendingetje zijn. Meestal vraag ik dan of ze eventjes kunnen wachten tot ik klaar ben met eten, en soms merk ik dat ze dat zelfs niet op prijs stellen.

'Ik kan er af en toe enorm moe van worden dat mensen vooral geinteresseerd zijn in datgene wat je niet wil delen'

Laatst was ik op vakantie in Curaçao en tijdens het eten vroeg iemand of ze met mij op de foto mocht. Ik zat midden in een gesprek met vrienden en had klaarblijkelijk onbedoeld niet enthousiast genoeg gereageerd. De volgende dag had ik meteen een bericht in mijn Instagram-inbox met de mededeling dat ik onaardig zou zijn. Van dit soort dingen kan ik soms best moedeloos worden. Eigenlijk is het nooit genoeg en kan je het nooit bij iedereen voor honderd procent goed doen.

◆ DE ZAKELIJKE KANT

Natuurlijk zit er aan het dj-werk en het vloggen ook een zakelijke kant. Er moet geld verdiend worden want anders is het niet mogelijk om dit te blijven doen. In het begin deed ik de dj-boekingen allemaal zelf. Via een amateuristisch aangemaakt e-mailadres beantwoordde ik zelf de aanvragen en stemde ik af hoeveel het zou kosten als ik voor een set van zestig minuten werd geboekt. Voor de zakelijke kant van mijn YouTube-kanaal sloot ik me na een week al aan bij een netwerk. Zo'n netwerk zorgt ervoor dat je campagnes binnenkrijgt, zodat je buiten je views om kunt verdienen aan de samenwerking met diverse merken. Hier had ik dus al snel geen omkijken meer naar, en ik vond het wel lastig om de dj-boekingen zelf te moeten regelen.

BIJ DE KAMER VAN KOOPHANDEL OM MIJN EIGEN BEDRIJFJE TE STARTEN

MET STANLEY, MIJN MANAGER

Naar aanleiding van zijn debuutalbum, had Ronnie een eigen tour met Bokoesam in zijn voorprogramma. Bokoesam werkte met tourmanager Maurits die vroeger zelf ook muziek maakte onder de naam Negativ. Bokoesam kwam uit Amsterdam en daarom kon ik vaak met ze meerijden op weg naar de tour van Ronnie. Dit was ideaal en na een aantal keer had ik al een klik met Maurits. Terwijl de jongens vaak nog even een club bezochten, wachtte ik na shows meestal rustig in een hoek tot we weggingen. Blijkbaar zag Maurits iets in me want hij heeft me toen in contact gebracht met SPEC. SPEC. is een managementbureau dat zich bezighoudt met het management van artiesten. Ik ontmoette Ali en zijn vrouw Breghje. Samen runnen zij dit bedrijf dat gericht is op het helpen van artiesten met de loop van hun carrière, de boekingen en hun profilering. Na een aantal meetings op kantoor leek het me een verstandige keuze om een contract te tekenen waarbij SPEC. de zakelijke kant van mijn carrière op zich zou nemen. Tot op de dag van vandaag heb ik daar geen seconde spijt van gehad. Stanley, die al een aantal jaar werkzaam was bij SPEC., werd mijn manager. We hadden elkaar al wel een aantal keer gezien, maar kenden elkaar niet. Al snel bleken we een enorme klik te hebben en ik kon het ook meteen ontzettend goed vinden met zijn vriendin Paola. Ik wilde zo snel mogelijk weg uit dat muizenhuis en toen Stanley aangaf dat er in hun complex een appartement vrijkwam, aarzelde ik geen moment. Inmiddels zijn we buren en zie ik ze wekelijks. We gaan vaak uit eten, hangen wat op de bank of spelen spelletjes. Het hebben van een manager, en dan vooral Stanley zelf, is in korte tijd echt onmisbaar voor me geworden. Ik hoef me geen seconde druk te maken om een volle inbox. Stanley en ik spreken elkaar iedere dag en hij bespreekt alleen de dingen die ertoe doen. Ik hoef dus zelf geen e-mails meer te filteren of na te denken over hoe ik vorm wil geven aan bepaalde samenwerkingen.

OP VAKANTIE IN MIAMI

Als ik op vakantie ben stoort hij me geen seconde, tenzij het echt dringend is. Ik sta er niet vaak genoeg bij stil hoe fijn het is om mensen om me heen te hebben die een hoop voor me regelen. Ik denk dat het me niet zou lukken om alles zelf te doen. Mensen vragen wel vaak aan me waarom ik mijn eigen video's edit. Maar dat vind ik gewoon leuk om te doen en ik zou het ook onpersoonlijk vinden als ik dat niet meer zelf zou doen.

Mijn tourmanagement wordt verzorgd door Maurits, en samen rijden we het hele land door van boeking naar boeking. Hij is onwijs druk maar ook mega gezellig. We hebben een goede klik en kunnen echt over alles praten. Hij merkt het meteen als er iets aan de hand is, en als hij vraagt of ik erover wil praten en ik begin te ratelen, dan luistert hij heel goed en geeft daarna zijn advies. Het is dan verder aan mij wat ik ermee wil doen. Maurits heeft een dochtertje en als ik zie hoe hij in sommige situaties handelt, denk ik dat hij een fantastische vader voor haar is. Het is best logisch dat als je zo vaak en vele uren met elkaar in de auto zit, je ook over persoonlijkere dingen praat en ik heb gemerkt dat er niks is dat niet met hem besproken kan worden. Afgelopen zomer zijn we samen een aantal keer voor boekingen naar het buitenland gegaan. Normaal gesproken zou ik dit met bijna niemand zien zitten, maar met Maurits was het heel relaxed.

'Ik wil altijd mijn eigen huur kunnen betalen, mijn eigen spullen kunnen kopen en nooit om geld bij wie dan ook hoeven vragen'

Ondanks dat ze bij SPEC. bijna alles voor me regelen, bepaal ik het bedrag dat ik voor een samenwerking of dj-set wil hebben, nog altijd zelf. Voor veel mensen zal dit als iets negatief klinken, maar ik ben behoorlijk gefocust op geld. Ik hou ervan om veel geld te verdienen en ik vind het ergens ook een kick geven. Ik zou er niet mee kunnen leven om afhankelijk van iemand te moeten zijn. Ik wil altijd mijn eigen huur kunnen betalen, mijn eigen spullen kunnen kopen en nooit om geld bij wie dan ook hoeven vragen. Toch ben ik soms bang dat, omdat het nu redelijk goed gaat, het een keer minder wordt. Ik ben niet fantastisch goed in het omgaan met geld en dit is dan nog zeer zacht uitgedrukt. Alles wat er binnenkomt, vliegt er weer uit, en de laatste tijd probeer ik hier meer op te letten. Zo betrapte ik mijzelf erop dat ik laatst in de Bijenkorf crèmes had gekocht en me in de auto pas realiseerde dat ik bij het afrekenen niet eens naar het bedrag had gekeken. Op dit soort momenten schaam ik me kapot en ik grijp dit dan meteen aan als les voor mezelf om bewuster met mijn geld om te gaan.

UITETEN, EEN VAN MIJN FAVORIETE HOBBY'S ☺

Ik kan ontzettend genieten van uit eten gaan (favoriete bezigheid) en mooie spullen. Hier hangt echter wel een prijskaartje aan en ik heb nu met mezelf afgesproken dat ik alleen nog grote aankopen mag doen nadat ik een doel heb bereikt, anders is de lol van mooie spullen kopen er snel af.

Zo sprak ik het afgelopen jaar met mezelf af dat ik een horloge mocht kopen na het behalen van 250.000 abonnees. Ik ben oprecht een stuk blijer met die aankoop doordat ik er ook een doel bij heb behaald. Voor mij werkt dit goed en ik ben blij dat ik een manier heb gevonden om zo het gat in mijn hand wellicht iets te versmallen.

Ik heb nog ontzettend veel plannen op zakelijk gebied en hoe je het wendt of keert, het is altijd makkelijker die te realiseren als je een startkapitaal hebt.
Dit betekent dus iets minder designertassen en iets meer sparen.

'Ik hanteer een zero tolerance-beleid. Afgelopen tijd zijn er genoeg mensen geweest die gebruik van mij hebben gemaakt'

◆ ZAKELIJK NETWERK

Soms hoor je dat mensen in de zakelijke wereld naar netwerkborrels gaan. Voor mijn gevoel gaat netwerken in mijn vak, zowel dat van de muziek als de YouTube-wereld, automatisch. Ik ben nog nooit met iemand uit de muziek of de YouTube-scene iets gaan drinken omdat ik dacht dat ik zakelijk wat aan diegene zou kunnen hebben. Op de een of andere manier ga ik bijna alleen nog maar om met mensen die allemaal iets doen waar ze redelijk succesvol in zijn, of iets doen wat te vergelijken is met de werkzaamheden die ikzelf verricht. Het is soms moeilijk als je in een vriendschap of zelfs een relatie niet met elkaar kunt levelen. Als je meer gaat verdienen en bijvoorbeeld vaker uit eten wil dan je vriendinnen kunnen betalen, lijkt het vanzelf-

MET AMBER EN KIANA ETEN BIJ THE DUCHESS

MET AMBER

meeste omga met mensen die begrijpen wat ik doe omdat ze zelf ook iets in deze scene doen.

Het maakt het makkelijker om met elkaar te praten over wat je wel of niet hebt bereikt, of wat je juist nog graag zou willen bereiken en hoe je dat denkt te realiseren.

sprekend dat je dit voor hen betaalt, maar op den duur moeten dingen gelijkklopen. Zo ben ik erachter gekomen dat sommige mensen alleen met je omgaan om te kunnen profiteren van hetgeen je doet. Je krijgt hier vervolgens geen enkele blijk van waardering voor terug. Ondanks dat mijn vader en broer me altijd bijbrachten om vergevingsgezind te zijn, hanteer ik de laatste tijd een zero tolerance-beleid. Afgelopen tijd zijn er genoeg mensen geweest die, op welke manier dan ook, gebruik van mij hebben gemaakt. In het begin had ik niet in de gaten dat mensen zo kunnen zijn, maar de laatste tijd ben ik steeds meer op mijn hoede. Dit is denk ik ook de reden dat ik het

MET NOOR, VRIENDINNETJE UIT DE BLOGWERELD

'Mijn kijkers kennen mij door en door'

Op zakelijk vlak heb ik zeker wat aan mijn vriendschappen, maar het is nooit de intentie van een vriendschap geweest. Dit gaat eigenlijk automatisch. Dankzij Ronnie heb ik bijvoorbeeld een samenwerking met Mafe, Frenna, Emms en Abira aan kunnen gaan en mijn debuutsingle uit kunnen brengen. Deze single is inmiddels over de dertien miljoen weergaven heen. Doordat ik in die wereld verder ben gegaan en andere artiesten heb leren kennen, kon ik daarna mijn tweede single uitbrengen. Hoewel er een platina plaat voor mijn eerste, en een gouden plaat voor mijn tweede single aan de muur hangt, had de tweede single niet de resultaten waar ik op hoopte. Het contrast tussen die twee releases is voor mijn gevoel te groot en daardoor voelt het als falen. Op dit vlak ben ik erg perfectionistisch, terwijl ik naar mijn idee ook vaak maar wat aankloot en van het ene in het andere rol.

Ik heb ook vriendinnen die in de kledingbranche zitten en dat zorgt voor een wisselwerking. Doordat ik hun winkel en/of merk promoot krijgen zij extra aandacht en hoef ik haast nooit meer te winkelen omdat bijna al mijn kleren daar vandaan komen. Het is slim om met vriendinnen uit de YouTube-wereld samenwerkingen aan te gaan, waar je beiden dankzij een soort van kruisbestuiving, *following* uit kunt halen. Ik spreek nooit met iemand af, alleen omdat ik denk dat het slim is voor mijn merk. Mijn kijkers kennen mij immers door en door en als ik ineens mijn dag met totaal andere mensen door zou brengen om zo aan mijn views te komen, zou iedereen dat opmerken. Je loopt hiermee het risico je geloofwaardigheid te verliezen en als dat gebeurt kun je je kanaal beter meteen in de prullenbak tiefen.

◆ HET MERK MONICA GEUZE

Ik heb geen echte toekomstplannen, maar ik weet wel dat ik het merk Monica Geuze zo groot wil maken, dat bijna alles mogelijk is. Als ik bijvoorbeeld naar Kylie Jenner kijk en zie dat alles wat zij aanraakt in goud verandert, dan kan ik me daar enorm door laten inspireren. Haar Instagram-account groeit iedere dag met miljoenen volgers die willen weten wat ze voor make-up, pruiken, kleding en wat dan ook draagt. Laatst las ik een artikel waarin stond dat ze alleen al met haar cosmeticalijn binnen een jaar ruim achttien miljoen dollar had binnengesleept. Bizar en marketingwise zo sterk. Madame heeft onlangs haar eigen merchandise gelanceerd en ik kan niet wachten om te zien waarmee ze in de toekomst nog meer komt. Dit is pas het begin. Het is bijzonder om te zien hoe bepaalde namen zo gebrand kunnen zijn dat het gewoon werkt.

ONDER: FOTOSHOOT VOOR ESQUIRE

Waar ik aan het begin van mijn carrière alles aanpakte om geld te verdienen, ben ik de laatste tijd selectiever geworden. Om je geloofwaardigheid te behouden is dat ook echt nodig. Soms zie ik collega's met twee merken samenwerken die in strijd zijn met elkaar. Je kijkers zijn niet achterlijk en dat botst. Ik geloof er heilig in dat als je je geloofwaardigheid verliest, je kunt inpakken. Nederlanders zijn daar veel te nuchter voor en willen echtheid. Natuurlijk is het een luxepositie om selectiever te kunnen zijn, en in het begin was ik dat ook niet als een bedrag voor een bepaalde campagne te aantrekkelijk was. Als ik nu terugdenk aan bepaalde samenwerkingen, dan verklaar ik mezelf echt voor gek om het werk dat ik soms voor bepaalde gages heb verricht.

Ik neig er steeds meer naar echt alleen dingen te doen die ik leuk vind. Zo wil ik geen campagnes meer doen met merken waar ik niet achter sta. Ik merk dat ik het plezier in het draaien iets meer begin te verliezen, maar soms moet je keuzes maken. Ondanks dat ik het minder leuk vind om te draaien, kan ik sommige boekingen amper afslaan vanwege het geld dat ermee te verdienen valt. Bovendien is het nu de tijd om het te verdienen, want niemand heeft zin in een veertigjarige Monica Geuze die denkt dat ze de tienerdisco nog wel even op zijn kop kan zetten. Tuurlijk moet je af en toe dingen doen die je niet leuk vindt, maar ik merk dat het me veel rust geeft, dat ik de laatste tijd vaker zelf bepaal dingen niet te doen. Het geeft me een gevoel van power dat er op dit moment niemand is die mij kan vertellen wat ik wel of niet kan, of mag doen.

'Het geeft me een gevoel van power dat er op dit moment niemand is die mij kan vertellen wat ik wel of niet kan, of mag doen'

◆ VERBREDING

◆ UPDATE! – MONICA GEUZE 20 OKTOBER 2015

'Ik heb heel lang niet elke dag iets hoeven doen. Ik heb gewoon heel lang elke dag op kunnen staan en kunnen denken: goh, wat ga ik vandaag 'ns doen? En dan had ik echt duizend opties en die waren allemaal chill en leuk. En nu heb ik ineens best wel veel verplichtingen en dat is best wel even wennen voor mij.'

MET AFROJACK EN KAY NAMBIAR VOOR MTV, EEN VAN DE LEUKSTE KLUSSEN CAREERWISE

Het was best even wennen toen ik van iedere dag in bed liggen, langzamerhand meer en meer ging werken. Ik heb het steeds meer nodig om veel diversiteit in mijn leven te hebben. Geen enkele dag ziet er hetzelfde uit en dat vind ik heel leuk. Naast mijn eigen kanaal en mijn dj-werk heb ik me aangesloten bij een ander YouTube-kanaal dat ik samen met vijf andere hosts verzorg. In het begin vond ik het vreselijk, maar ik dacht dat het misschien wel goed zou zijn om eens wat anders te doen, en dat was dan ook echt de enige reden waarom ik het deed. Later begon ik het steeds leuker te vinden en ik merkte dat ik er wat van kon leren als ik naar mezelf keek in de eerste video's die we maakten.

TIJDENS HET WERKTRIPJE VOOR CONCENTRATE MET IEMAND VAN DE CREW DIE EEN GOEDE VRIENDIN IS GEWORDEN: MARCELLA

MET KAJ VOOR DE OPNAMEN VAN CONCENTRATE

'Kaj is iemand die me af en toe motiveert om meer uit het leven te halen. Hij is altijd vrolijk terwijl ik er nogal een handje van heb om chagrijnig aan draaidagen te beginnen of snel in mijn zeikmodus te gaan'

Het kanaal, Concentrate, bestaat nu een tijdje en ik vind het leuk om samen met een team aan iets nieuws te werken en om te proberen dat groot te maken. Ik heb hier ook vriendschappen aan overgehouden zoals bijvoorbeeld met Kaj Gorgels. Ik ken Kaj doordat hij zich na het eerste seizoen aansloot bij Concentrate.

We hadden meteen een klik en hij is het afgelopen jaar een van mijn beste vrienden geworden. Ik kan uren met hem bellen over niets en dan nog verveelt het niet. Weinig mensen die ik ken zijn gezelliger dan hij... maar nu stop ik met veren in zijn reet duwen. De Facebook-pagina waar hij typetjes nadoet, vindt de helft van Nederland onwijs grappig en het loopt goed. Kaj is iemand die me af en toe motiveert om meer uit het leven te halen. Hij is altijd vrolijk terwijl ik er nogal een handje van heb om chagrijnig aan draaidagen te beginnen of snel in mijn zeikmodus te gaan. Hij trekt me daar direct uit en er is nog nooit een dag geweest dat ik niet kapot van het lachen was. Zo gingen we een keer samen naar een massagesalon in Rotterdam,

'Wellicht een typisch gevalletje van je had erbij moeten zijn, want ik hoor de krekels gewoon op de achtergrond terwijl ik dit schrijf'

en je kunt je voorstellen dat dit redelijk ongemakkelijk was. In de salon werkte een typisch oud en doorgerookt Rotterdams vrouwtje, en op een gegeven moment lagen Kaj en ik zonder kleren op de banken. Ze ging er vanuit dat we een koppel waren en dit maakte het allemaal nog ongemakkelijker. Kaj had het Rotterdamse vrouwtje als masseuse en ik een andere medewerkster. Op een gegeven moment vroeg ze wat voor massageolie ik wilde en toen ik iets met munt vroeg, zei een platte doorgerookte Rotterdamse shag-stem dat ze dat helaas niet hadden. 'Ik ken wel lekker me smintju over je rug uit tuffe hehehe' was haar reactie. I CAN'T. Goed, wellicht een typisch gevalletje van je had erbij moeten zijn, want ik hoor de krekels gewoon op de achtergrond terwijl ik dit schrijf.

◆ SCHOONHEIDSIDEAAL

◆ Q&A #2

'Zonder YouTube was ik nooit zo obsessed geweest met make-up, dan was het waarschijnlijk alleen een poedertje geweest en mascara.'

De laatste tijd krijg ik redelijk wat kritiek over me heen als het gaat om het voorbeeld dat ik zou moeten zijn. Toen ik begon met vloggen, is het nooit mijn intentie geweest om jonge meiden te vertellen wat ze wel en niet zouden moeten doen. Ik ben gewoon begonnen met het vastleggen en online plaatsen van míjn leven. Het was fijn voor mij dat veel jonge meiden hiernaar gingen kijken, want daardoor heb ik er mijn werk van kunnen maken. Het is echter nooit mijn bedoeling geweest om een voorbeeld voor ze te zijn.

Het schoonheidsideaal verandert met de jaren, en ik heb behoorlijk wat kritiek over mezelf heen gehad toen ik fillers in mijn lippen liet spuiten. Medisch gezien was de ingreep niet nodig, maar tegenwoordig lijken die dingen nou eenmaal normaler te worden. Als je geen last hebt van je gebit maar je wil het toch net allemaal iets rechter, dan kijkt niemand je gek aan als je een afspraak bij de orthodontist maakt. Ooit heeft iemand bedacht dat rechte tanden mooier zijn en zo is het een schoonheidsideaal geworden. Met de tijd veranderen

deze dingen en ik denk dat als we in de toekomst zouden kunnen kijken, we ons rot schrikken over wat er dan allemaal wel niet mogelijk zal zijn. Ik denk dat accepteren de enige juiste manier is om met deze dingen om te gaan. Niemand vertelt je wat je wel en niet moet doen en je kunt er altijd zelf voor kiezen wat je wel of niet aan jezelf laat veranderen.

Persoonlijk vind ik het alleen maar mooi om te zien dat je in de huidige tijd iets aan jezelf kunt laten doen als je niet tevreden bent met iets. Ik ben van mening dat iedereen te allen tijde moet doen waar hij of zij zin in heeft. Iedereen heeft een andere kijk op wat mooi is en dat is maar goed ook. Als ik gelukkig word van paars haar, scheve tanden en een hondenstaart, dan is dat in mijn ogen prima. Ik zou het mooi vinden als andere mensen op dit gebied ook een tikkeltje meer open-minded zouden zijn.

Nu ik me bewuster ben van een bepaalde voorbeeldfunctie, realiseer ik me dat jonge meiden zich kunnen laten beïnvloeden door wat ik doe. Maar ik hecht er vooral waarde aan om mijn eigen leven te kunnen leiden zoals ik dat wil. Ik heb aan het begin van mijn vlogs nooit laten zien dat ik rook, maar later bedacht ik me dat het wel raar zou zijn als kijkers me met een sigaretje op een terras zouden zien. Ik ben en blijf van mening dat je om je geloofwaardigheid te kunnen behouden, eerlijk moet zijn ten opzichte van je kijkers.

'Als ik gelukkig word van paars haar, scheve tanden en een hondenstaart, dan is dat in mijn ogen prima. Ik zou het mooi vinden als andere mensen op dit gebied ook een tikkeltje meer open-minded zouden zijn'

◆ TATTOO'S

Op zich ben ik een redelijk impulsief persoon en als ik morgen een nieuwe piercing wil, dan heb ik die de dag erna. Wil ik morgen groene wenkbrauwen, dan zal ik er alles aan doen om dat voor elkaar te krijgen. Zo is dat ook met tatoeages. Ik krijg onder mijn video's vaak de vraag waar ze nou voor staan, en eerlijk gezegd kan ik daar amper antwoord op geven. Ik vond ze over het algemeen gewoon mooi en heb ze allemaal voor de lol gezet, maar ik kan er wel enigszins een uitleg over geven.

1

MIJN EERSTE TATTOO: EEN DIAMANT IN MIJN NEK

In de periode dat Femke en ik veel uitgingen was ik tot over mijn oren verliefd op een jongen die achter de bar werkte. Hij zat helemaal onder de tatoeages en ik vond het maar wat interessant. De dag erna zaten Femke en ik in een tattooshop en we moesten en zouden de deur uit lopen met een tattoo. We hadden geen idee wat we moesten laten zetten en kozen toen heel cheesy voor een diamant because… diamonds are forever. Omdat onze ouders dit *never* zouden goedkeuren, kwam de tattoo in onze nek, zodat we deze met ons haar eroverheen konden verbergen. Natuurlijk kwamen onze ouders erachter, en ze reageerden tot onze verbazing prima, haha.

2

EEN KLAVERTJE VIER OP MIJN POLS

Ik heb best spijt van het klavertje vier op mijn pols. Ik vind het jammer dat hij op mijn pols zit en dus het meest zichtbaar is. Achteraf had ik liever gewild dat het alleen een omlijning was zonder schaduw. Helaas pindakaas. Heel erg druk kan ik me er niet over maken.

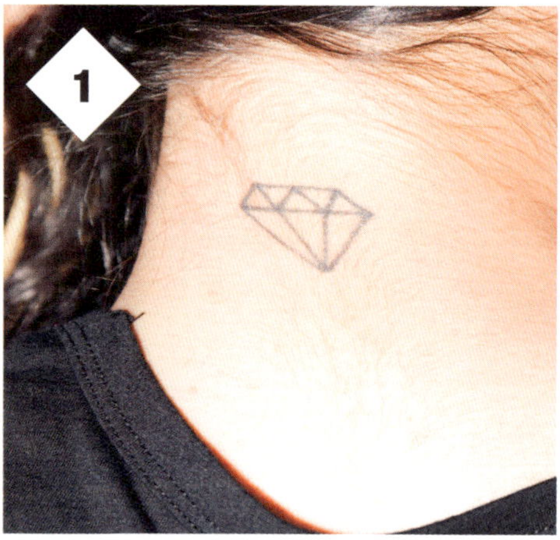
1

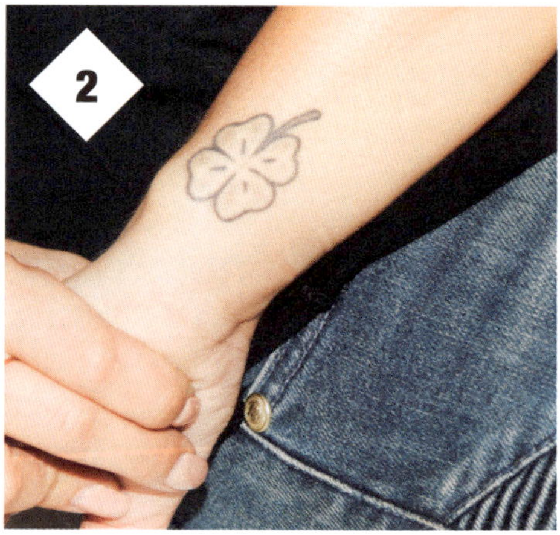
2

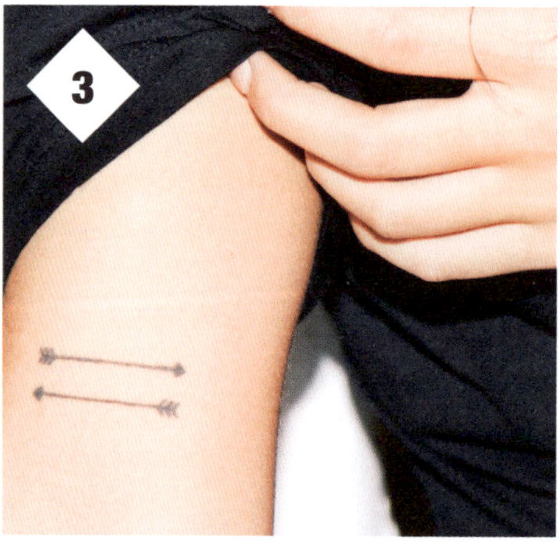
3

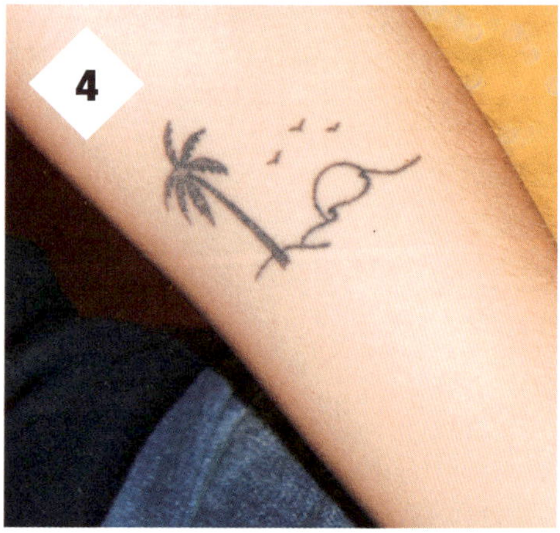
4

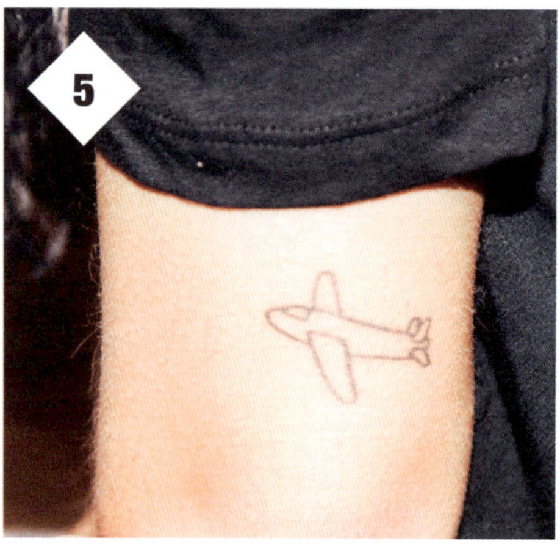
5

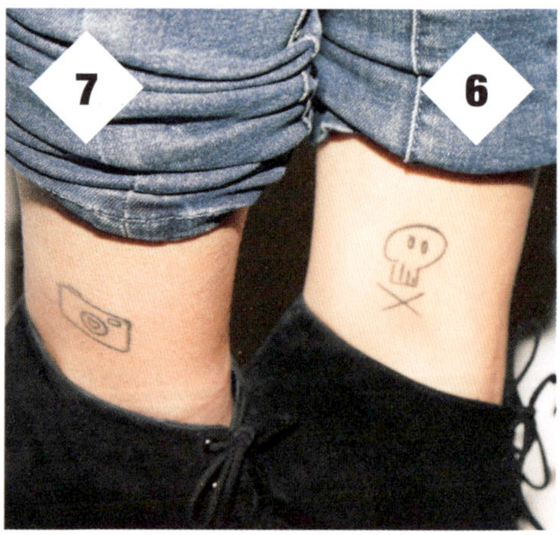
7
6

3

TWEE PIJLTJES OP MIJN ARM

Ik wilde weer een nieuwe tatoeage laten zetten en toen ik voor inspiratie op Pinterest keek, kwam ik daar twee pijltjes tegen. Net zoals de halve aardkloot heb ik ze toen op m'n rechterbovenarm laten knallen.

4

EEN EILAND MET EEN PALMBOOM OP DE BINNENKANT VAN MIJN ARM

Dit is mijn favoriete tatoeage. Ik heb deze gezet in de week waarin ik de video van 'Mijn Verhaal' opnam. Ik zat toen totaal niet lekker in mijn vel en omdat ik er heel vrolijk van werd, besloot ik toen het eilandje te laten tatoeëren.

5

VLIEGTUIGJE ACHTER OP MIJN LINKER BOVENARM

Deze tatoeage is puur gezet omdat ik reizen leuk vind en ik de outlines van een vliegtuig daar een leuk symbool voor vond.

'Impulsiviteit op zijn top. 's Ochtends besloot ik dat ik iets met een doodshoofdje wel leuk zou vinden'

6

DOODSHOOFD OP LINKERBEEN, BOVEN MIJN VOET, AAN DE BINNENKANT

Impulsiviteit op zijn top. 's Ochtends besloot ik dat ik iets met een doodshoofdje wel leuk zou vinden. Omdat ik wilde laten zien wat voor soort doodshoofdje ik ongeveer wilde, begon ik op een papiertje te tekenen en dat is hem meteen ook geworden.

7

CAMERA OP MIJN RECHTERBEEN BOVEN MIJN ENKEL AAN DE BUITENKANT

Naast het doodshoofdje wilde ik iets schattigs, en het leek me leuk om een camera te doen als symbool voor, natuurlijk, het vloggen.

◆ ONZEKERHEDEN

Ik denk dat weinig mensen over mij zullen zeggen dat ik onzeker ben, en ik vind onzeker zelf ook een moeilijk begrip. Als mensen roepen dat ze zo onzeker zijn, dan denk ik meteen, kom maar op met je bullshit-verhaal. Want als je kunt aangeven dat je onzeker bent, dan weet je exact waar het probleem zit en kan je er iets aan doen. Maar ieder mens heeft zijn of haar onzekerheden. Inmiddels kan ik redelijk omgaan met de kritiek die ik af en toe over me heen krijg. Dit komt vooral omdat ik het vaak op mijn laptop of mijn telefoon lees als ik alleen ben. Ik kan echt een stuk slechter omgaan met kritiek die ik recht in mijn gezicht krijg. Dit is hetzelfde als het niet goed over mijn gevoel kunnen praten; ik loop dan het liefste meteen weg terwijl erover schrijven me een stuk beter afgaat. Toen ik steeds minder plezier kreeg in draaien, hadden Maurits en ik het er in de auto vaak over hoe dat zou komen. Het zou te maken kunnen hebben met wat ik eerder vertelde over dat het mensen vaak niet boeit wat ik draai. Later bedacht ik me dat ik me altijd heel kwetsbaar voel als ik een zaal binnenloop en moet beginnen met draaien. Zo'n zaal is meestal gevuld met honderden tieners en ik weet me dan totaal geen houding te geven. Ik denk dat dit komt omdat ik er te veel over nadenk.

Ik zie dan al die mensen staan en denk meteen dat niet iedereen in de zaal me leuk zal vinden en dat ik misschien voor lul sta als ik vrolijk naar iemand zwaai die me misschien een kutwijf vindt. Vaak ben ik na een halfuur iets meer gewend en durf ik iets meer de zaal in te kijken. Ik moet ook zeggen dat drie wodka's met spa rood hier vaak bij helpen.

'Onzeker? Kom maar op met je bullshit-verhaal'

Toch kan ik het me goed voorstellen dat als je van jongs af aan weinig aandacht krijgt, je daar onzeker van kan worden. Bij mij is het een beetje andersom. In de afgelopen twee jaar heb ik ineens zoveel positieve én negatieve aandacht gekregen, dat ik het moeilijk vind om hiermee om te gaan. Hoe je het ook bekijkt, ik ben en blijf een meisje van pas 22 jaar dat ineens een lading kritiek over zich heen krijgt. Don't get me wrong, ik ontvang uit verschillende hoeken echt de allerliefste reacties ooit, maar de negatieve kritiek blijft toch het meeste hangen. Zelfs lieve reacties kunnen mij op bepaalde momenten ook onzeker maken. Soms krijg ik zulke hartverwarmende berichten binnen, dat ik niet kan begrijpen dat iemand zo over mij kan denken. Ik vind het alleen maar onwerkelijk dat mensen op een bepaalde manier tegen me aan kunnen kijken. Toch gek, omdat ik voordat ik zelf begon met vloggen, als klein meisje ook bepaalde YouTubers op een voetstuk had staan. Ik kan me gewoon niet voorstellen dat ik nu voor sommige mensen die positie heb, en daarom vind ik het ook lastig dealen met de zogenaamde voorbeeldfunctie. ◆

Favorite...
RESTAURANTJES BUITEN AMSTERDAM

1 FG FOOD LABS

STERRENRESTAURANT IN ROTTERDAM. IK HEB ER OOIT GEGETEN TIJDENS EEN SUPERLEUKE KLUS VOOR DE MTV MUSIC WEEK. HET IS ZO BIZAR GOED DAT IK HET NIET SNEL ZAL VERGETEN EN ALS DE GELEGENHEID ZICH VOORDOET, KOM IK HIER ZEKER NOG EENS TERUG.

2 AAN DE POEL

STERRENRESTAURANT IN AMSTELVEEN. HIER HEB IK OOIT MET STANLEY EN PAOLA GEGETEN VOOR HUN VERJAARDAGEN EN HET IS OOK ECHT TOP. MAAR JE MOET DUS WEL VAN DIT SOORT RESTAURANTS HOUDEN. IK WORD ER ALTIJD EEN BEETJE NAAR VAN ALS MENSEN ZEGGEN DAT ZE STERRENRESTAURANTS KUT VINDEN, OMDAT JE ZEVEN KEER EEN BLAADJE SLA OP JE BORD KRIJGT. DIT IS GEWOONWEG ABSOLUUT NIET WAAR EN NA DE ZEVENDE GANG MET LETTERLIJKE SMAAKEXPLOSIES BEN JE ECHT MEGA VOLDAAN.

3 NOBU

HEERLIJKE SUSHI! OP EEN TRIPJE NAAR MILAAN MET DANIQUE RAAKTEN WE OOIT HELEMAAL VERSLAAFD AAN NOBU. HET WAS ZO ERG DAT WE DE OVERIGE DAGEN VOOR LUNCH ÉN DINER NAAR NOBU ZIJN GEGAAN. LATER, OP VAKANTIE IN MIAMI, KON IK HET NIET LATEN EEN BEZOEKJE AAN NOBU TE BRENGEN. HELAAS IS ER GEEN NOBU IN NEDERLAND.

2

2

3

3

3

[redacted]

[redacted]

STRAKS

NO
SKINNY
DIPPING

◆ PLEZIER HEBBEN IN WAT JE DOET

Z Zoals ik eerder al aangaf, heb ik niet echt een bepaald toekomstbeeld. Ik heb wel plannen, maar geen concrete planning wanneer ik welke stappen ga ondernemen. Dit heb ik nooit gehad en op deze manier werkt het voor mij. Ik ben vooral blij dat ik iets heb gevonden wat ik echt leuk vind om te doen.

Het is jammer dat ons schoolsysteem zodanig in elkaar zit dat je al vroeg een richting moet kiezen. Aan de ene kant is het logisch en aan de andere kant is het vervelend voor leerlingen die nog geen idee hebben van wat ze later willen. Gelukkig heb ik ervaren dat het niet uit hoeft te maken als je het nog niet weet, want je kunt altijd iets anders gaan doen. En fuck mensen die zeggen dat het zonde van je tijd is om wat aan te kloten totdat je echt weet wat je wil. Zolang je plezier hebt in wat je doet en je verder niemand in de weg zit, mag je jezelf gelukkig prijzen. Ik kan het nu erg lang gaan hebben over mijn toekomst, maar ik heb geen idee hoe die eruit zal zien en ik zal nooit iemand worden met een uitgestippeld leven. Misschien slaap ik over vijf jaar onder een brug, ben ik multimiljardair, is honden uitlaten mijn hobby geworden of ben ik dood. Wie zal het zeggen.

◆ KINDERWENS EN MIJN KIJK OP DE LIEFDE

In december 2016 was ik met allemaal stelletjes op vakantie. Toen we op een avond met zijn allen uit eten gingen, keek ik de tafel rond en realiseerde ik me hoe gek het eigenlijk is dat bijna iedereen in zijn of haar leven op zoek gaat naar een partner. We willen graag dat vertrouwen en die ene band met één persoon opbouwen. Toch weten we ook met elkaar de liefde een partij moeilijk voor onszelf te maken. Ja zeggen, nee doen. Monogamie is en zal altijd een dingetje blijven. De een gelooft er wel in en de ander niet. Ikzelf denk dat naast gelukkig zijn met elkaar, monogamie een van de belangrijkste dingen in een relatie is. Ik ben zelf meerdere malen in een lange relatie bedrogen, maar ik vind het te makkelijk om dan nu maar te zeggen dat ik niemand meer vertrouw. Mensen doen dingen altijd met een reden, ongeacht of ze zelf weten wat die reden precies is. Je kunt iemand niet de fouten van een ander kwalijk nemen.

In de ideale situatie word ik jong moeder, en met jong bedoel ik voor mijn 25ste. Veel mensen kijken me raar aan als ik dat zeg, maar ik zou graag de vriendschappelijke band met mijn kinderen willen hebben, die ikzelf nooit met mijn moeder heb gehad. Ik ben van mening dat je niet voor altijd met de vader van je kind samen hoeft te zijn. Nu zeg ik niet dat ik me koste wat het kost vol wil laten knallen voor mijn 25ste zodat ik mijn kind heb en de vader de tering kan krijgen. Het is alleen meer gewoon geworden dat niet iedereen uit praktische overwegingen bij elkaar blijft. Vroeger was het een schande om te scheiden, terwijl we hier tegenwoordig niet meer van opkijken.

Het is logisch om een kind te willen van iemand waarmee je op zijn minst voor altijd samen zou willen zijn. In de basis is het vooral belangrijk dat je enigszins dezelfde normen en waarden hebt, waardoor de kans groter is dat het dan wel op zijn pootjes terechtkomt. Maar misschien piep ik wel anders, mocht het ooit zover komen, haha.

De opvoeding van mijn kind(eren) zou ik totaal anders aanpakken dan de manier waarop mijn ouders dit hebben gedaan. Ik zou een stuk opener zijn en het onwijs waarderen als mijn kind(eren) alles aan me zouden vertellen. Mochten ze dat niet doen, dan zou ik wel altijd willen dat ze at least het gevoel hebben dat dit wel kan, mochten ze er behoefte aan hebben.

Mensen om me heen verbazen zich soms dat ik zo weinig om de toekomst geef. Mij irriteert het juist als mensen aan me vragen wat ik doe als vloggen ineens niet meer populair zou zijn. Ja, wat doe je als groenteman als alle groentes ineens stoppen met groeien? Weet ik veel, dan zoek je toch iets anders.

Als je me op dit moment vraagt of ik zou willen stoppen met vloggen, dan zeg ik totaal niet. Maar omdat ik iemand ben die van de ene op de andere dag beslist wat ze wel of niet gaat doen, zie ik het ook nog wel gebeuren dat ik op een dag wakker word en net zo gemakkelijk als toen ik begon met vloggen, besluit dat ik ermee stop. Het zal het einde van mijn vlogcarrière betekenen, maar niet voordat ik iets anders heb. Nooit oude schoenen weggooien voordat je nieuwe hebt. ◆

Favorite...
SHOPS

◆1 BYDANIE VINTAGE STORE

VINTAGE STORE VAN DANIE BLES; JE KUNT DAAR SERIEUS NIET NAAR BUITEN GAAN ZONDER IETS GEKOCHT TE HEBBEN.

◆2 MOSTWANTEDNL

WINKEL IN ROTTERDAM VAN EEN VAN MIJN BESTE VRIENDINNETJES, DANIQUE. ZE HEEFT ALLES ZELF OPGEZET EN BEN MEGA TROTS OP HAAR. OOK HIER IS HET NIET MOGELIJK DE WINKEL TE VERLATEN ZONDER EEN NIEUWE AANWINST.

2

2

VRIENDEN BOEKJE

◆ **NAAM**

Stanley Bish

◆ **GEBOORTEDATUM**

5 december 1984

◆ **WOONPLAATS**

Amsterdam

◆ **MIJN HOBBY'S**

Uiteten, Netflix, bios, concerten bezoeken, reizen, cabaretvoorstellingen bezoeken, boeken lezen en misschien heel zielig, maar mijn werk is ook wel mijn hobby.

◆ **KLEUR OGEN**

Bruin

◆ **LIEVELINGSETEN**

Heel decadent, maar eten in sterrenzaken is wel écht heel lekker.

◆ **HOE KENNEN WIJ ELKAAR?**

Wij kennen elkaar van werk. Ik doe je management nu ongeveer twee jaar met heel veel plezier (meestal dan ☺). Daarnaast zijn we nu ook gewoon heel goed bevriend!

◆ **WAT IS ONZE LEUKSTE HERINNERING?**

We hebben heel veel leuke herinneringen: ik vond alles rondom de MTV Music Week en EMA's wel echt leuk om samen te doen. En niet te vergeten jouw Instagrampost op mijn verjaardag!

◆ BESCHRIJF MIJ IN 1 WOORD
Slim.

◆ WAT VIND JE MIJN BESTE EIGENSCHAP?
Je bent vaak gewoon heel gezellig, grappig, attent, leuk en altijd jezelf. Op zakelijk vlak vind ik je beste eigenschap dat je goed snapt hoe het werkt om je eigen merk te bouwen en wat daar voor nodig is.

◆ WAT VIND JE MIJN SLECHTSTE EIGENSCHAP?
Als je eerst iets wel wil en dan last minute ineens iets niet meer wilt doen en ik het weer mag afzeggen!

◆ WAT ZOU JE NOG GRAAG SAMEN WILLEN DOEN?
De wereld veroveren!

◆ WAT DOE JE HET LIEFST MET MIJ?
Privé: lekker uit eten gaan.
Zakelijk: samen mooie projecten aangaan, zoals dit boek en dat tot een groot succes maken.

◆ MIJN WENS VOOR JOU
Heel cliché, maar ik hoop oprecht gewoon dat je heel gelukkig blijft. Ik gun je de wereld!

'Ik hoop oprecht gewoon dat je heel gelukkig blijft. Ik gun je de wereld!'

MIJN REACTIE OP STANLEY

W Waah zo lief. Toen ik je net leerde kennen, vond ik je een beetje een vage gast, omdat je altijd heel geheimzinnig over je privéleven deed. Maurits en ik maakten dan altijd grapjes in de auto over hoe jouw vriendin en huis eruit moesten zien. We beelden ons dan in dat je een huis hebt dat altijd helemaal schoon is (is ook zo) en je onder je woning een kelder had waarin je pasgeboren puppy's doodknuppelde. Dit hadden we bedacht, omdat je onder iedere situatie altijd heel koel blijft en dat dan misschien de oplossing was om al je frustratie op te uitten. Over je vriendin hadden we ook wel wat speculaties, want hoe moest zij in hemelsnaam in elkaar zitten om met jouw droogheid om te kunnen gaan? Wel hadden we via kantoor gehoord dat ze een zieke ass zou hebben, en toen ik haar voor de eerste keer ontmoette, heb ik dat gelijk even nagecheckt in haar strakke leren rokje en bleken de geruchten te kloppen. Oké, genoeg over Paola's achterwerk, toen we steeds meer met elkaar om begonnen te gaan (volgens mij begon het met meer meetings en af en toe uiteten) kampte ik met een megagroot probleem in mijn toenmalige woning: muizen. Er kwam een woning vrij in het appartementencomplex waar jij woont en na een maand woonde ik er ook. Nu zijn we buren, goede vrienden en werken we samen en tot op de dag van vandaag is dat altijd goed gegaan. Ik denk dat ik mezelf gelukkig mag prijzen met het feit dat ik ben toegelaten in je privéomgeving en ik weet hoe je washok, slaapkamer en keuken eruitzien. Helaas weet ik ook niet meer hoe mijn eigen berging er überhaupt uitziet, aangezien jij daar al jouw troep hebt gedumpt, inclusief lelijke nep IKEA-plantjes die meteen uit je woning moesten toen Paola haar intrede maakte. Zoals jij het vervelend vindt dat ik altijd op het laatste moment dingen niet meer wil doen en jij ze af mag zeggen, vind ik het vervelend hoe je altijd leuk meedoet in de vlog en achteraf een appje stuurt met de vraag of alles er even uit mag. Krr Krr. Verder hoop ik dat wij nog lang samen mogen werken, want ik zou geen persoon op de wereld weten waar ik mijn carrière liever mee uitbouw dan met jou. Je bent de beste!

◆ **NAAM**

Paola Reinders

◆ **GEBOORTEDATUM**

13 september 1988

◆ **WOONPLAATS**

Amsterdam

◆ **HOE KENNEN WIJ ELKAAR?**

Ik heb je leren kennen via mijn vriend, je manager, Stanley Bish.

◆ **WAT IS ONZE LEUKSTE HERINNERING?**

Leuk was het misschien niet, maar memorabel was zeker: het moment dat we samen bij de prikkendokter waren en je iets te heftig reageerde op de naald. Ik zat huilend op een stoel toen je weer bijkwam. Daar hebben we achteraf hard om gelachen.

◆ **BESCHRIJF MIJ IN 1 WOORD**

Cynisch (love it).

◆ **WAT VIND JE MIJN BESTE EIGENSCHAP?**

Loyaliteit.

◆ **WAT VIND JE MIJN SLECHTSTE EIGENSCHAP?**

Chaotisch.

◆ **WAT ZOU JE NOG GRAAG SAMEN WILLEN DOEN?**

Vakantie!

◆ **WAT DOE JE HET LIEFST MET MIJ?**

Eten!

'Ik zat huilend op een stoel toen je weer bijkwam. Daar hebben we achteraf hard om gelachen'

MIJN REACTIE OP PAOLA

P

Pauuulie, de vriendin van Stanley, mijn manager. Nou als je Stanley kent, weet je dat het ongeveer net zoveel waard is als een Oscar winnen om in zijn privéleven te komen. Toch is het mij gelukt en heb ik zelfs jou mogen leren kennen en blij dat ik daar mee ben. Ik vind het echt superchill dat jullie boven me wonen en ik altijd een soort van papa en mama heb om naar toe te gaan en op de bank te gaan zitten ouwehoeren. Ook vind ik uit eten gaan met jullie superleuk en kan ik achteraf ook lachen om het feit dat ik weer een extra ml in mijn lippen gepompt wilde hebben en vervolgens flauwviel en weer bijkwam en jij jankend op een stoel naast me zat, haha. Ik ga stuk om je droge humor en je bent een stuk grover dan mensen misschien in eerste instantie van je zouden denken. Ook kan ik eindeloos blijven lachen om hoe jij bepaalde situaties ziet en zelf bepaalt hoeveel je bijvoorbeeld over hebt voor een nieuwe televisie, haha. Wel vind ik je streepjestruienobsessie een beetje vreemd en misschien wel eng, want na een stuk of 75 exemplaren is het echt wel genoeg, maar de lol die we kunnen hebben om Pippi Langkous die spoenk heeft of 5 kilo karamel bestelt in de snoepwinkel compenseert dat weer.

Je zou denken dat Stanley met iemand gaat die alleen maar gras eet, maar gelukkig ben jij alleen warm te krijgen voor schranzen bij Cannibale Royale en rij je gerust kilometers om, zodat je je favoriete spareribs kunt halen bij The World Of Food. Dat zijn mijn soort mensen. Nou meid, vergeet je bureaublad niet af te sluiten voor je geprankt wordt en ik vergeet niet: ik ben nummer 5 en da's wat ik blijf. X

◆ **NAAM**

Femke van Soest

◆ **GEBOORTEDATUM**

17 juni 1994

◆ **WOONPLAATS**

Amsterdam

◆ **HOE KENNEN WE ELKAAR?**

Ik ken je natuurlijk van Ambacht en later zaten we samen in een hockeyteam. Ik kwam alleen nooit opdagen, dus ik zag je eigenlijk weinig. Van de keren dat ik wel aanwezig was, kan ik me nog heel goed herinneren dat het je allemaal niet echt interesseerde of we nou wonnen of verloren, je ging echt geen stap harder lopen. Vanaf dat moment waardeerde ik je al meteen. Later kregen we een beetje dezelfde vrienden en opeens gingen we met z'n allen op vakantie naar Barcelona. Vanaf toen heb ik je echt leren kennen en zijn we echt jarenlang onafscheidelijk geweest. Ik ben echt superblij dat ik al 6 jaar lang zulke goeie vriendinnen met je ben!

◆ **WAT IS ONZE LEUKSTE HERINNERING?**

We hebben te veel leuke herinneringen. Al die tijd toen we nog in Ambacht woonden, kwam ik je elke dag van je school halen. We gingen de hele

dag door sushi eten, dan naar huis om een ordinair outfitje uit de kast te halen en overdreven krullen in ons haar te zetten (en we bleven ook maar volhouden tegenover elkaar dat die krullen echt fantastisch stonden). Het maakte voor ons niet uit; maandag t/m zondag, elke dag gingen we uit, we deden precies waar we zelf zin in hadden. Het leukste avondje was, denk ik, je 18e verjaardag in bed.
Ook het samenwonen in Amsterdam met Anthea had ik never nooit willen missen, ook al zijn we nu allemaal onze eigen weg gegaan. Telkens als ik erop terugkijk, ben ik blij dat ik het met jullie heb gedaan!

◆ BESCHRIJF MIJ IN 1 WOORD:
Grote bek, klein hartje.

◆ WAT VIND JE MIJN BESTE EIGENSCHAP?
Dat je schijt aan alles hebt en altijd jezelf bent. Dat heeft jou nu ook zo groot gemaakt. Ik weet namelijk nog heel goed toen je begon met vloggen: het was nog niet helemaal geaccepteerd, maar ik vind het zo top dat je je daar nooit wat van aantrok en je altijd jezelf bent gebleven. In al die tijd dat ik je nu ken, heb ik je je ook nog nooit anders bij iemand zien voordoen dan je bent. Daarnaast ben je echt een van de meest oprechte personen die ik ken, en een van de liefste, je hebt echt altijd voor me klaargestaan en ik weet precies wat ik aan je heb, ook al zie ik je nu een stuk minder. Je zult altijd mijn beste vriendinnetje blijven.

◆ WAT VIND JE MIJN SLECHTSTE EIGENSCHAP?
Ik vind je een topper en ik zou niks aan je willen veranderen, ook het feit dat je soms een beetje koppig en een enorme rommelkont bent, maken jou juist grappig.

◆ WAT ZOU JE NOG GRAAG SAMEN WILLEN DOEN?
Hier hadden we het laatst over, het zou echt leuk zijn om even onze oude tijden weer te herbeleven in Ambacht & Rotterdam. Lekker in de zomer varen, zwemmen en overal eten. En echt nergens om stressen. Ik mis dat soms zo erg! En ook zou ik nog een keer op vakantie willen gaan, misschien volgende winter!!!

◆ WAT DOE JE HET LIEFST MET MIJ?
Chillen, eten, uit eten, uitgaan, spelletjes spelen, touren, mensen uitlachen, roddelen. Eigenlijk is echt alles leuk met jou!!!! ☺

MIJN REACTIE OP FEMKE

F Femmieeeee, zo lief ben jij! Ik krijg gewoon tranen in mijn ogen van wat je hebt geschreven. Omdat veel mensen die jou kennen zullen weten dat je eigenlijk altijd alles awkward vindt en overal snel vanaf wilt, is dit juist zo lief dat je hier je tijd voor hebt genomen.

Zo leuk die herinneringen en ik zou echt grof geld betalen om die dagen weer opnieuw te beleven van iedere dag naar de film, sushi eten en uitgaan. Het ging ons letterlijk nooit vervelen en in Amsterdam hebben we ook de leukste herinneringen gemaakt. Je bent een topper en echt megalief voor iedereen om je heen en dat bewonder ik enorm aan je. Je gaat de deur niet uit zonder dat je eruitziet om door een ringetje te halen, ook al blijf je dan zeggen dat je eruitziet als een zwerver. Anti, jij en ik zijn alle drie ons eigen dingetje gaan doen en ik ben altijd blij als wij elkaar weer zien. Laatst kwamen we elkaar spontaan tegen in de stad en zijn we letterlijk tot 6 uur 's ochtends in de Bubbels beland. Dat zijn echt de avonden die voor mij gelden en waarop ik het spontaan het leukst met je heb. Dat we elkaar nu niet meer zo vaak zien als vroeger is 1: best wel logisch, omdat we godverdomme wel een getrouwd stel leken, maar 2: ook heel jammer. Het hoort gewoon bij ouder worden en ieder je eigen leventje opbouwen.

Toch ben jij er, in welke situatie dan ook, altijd voor mij geweest. Of ik verdrietig was, of ik blij was, of ik ff geen oplossingen voor problemen kon vinden, jij maakt mijn leven altijd makkelijker en helpt me waar je kunt. Had ik ergens geen vervoer naartoe? Leende jij zonder na te denken je auto aan me uit. Geen outfit voor een feestje? Lagen er alweer 20 jurkjes klaar om uit te kiezen. Muizen in mijn huis? Je pakte al je spullen, ging een week bij je vriend zitten en gaf mij de sleutel van je huis. Je bent echt de allerliefste en ik denk dat iedereen die dicht bij jou staat deze mening met mij zal delen. Je bent lief, gul, grappig, chaotisch en iedere dag weer een verschijning. Love you Femki!

◆ **NAAM**

Kaj Gorgels

◆ **GEBOORTEDATUM**

8 september 1990

◆ **WOONPLAATS**

Rotterdam

◆ **HOE KENNEN WIJ ELKAAR?**

Wij kennen elkaar via Concentrate. Ik kwam ooit als gast binnen toen jij al host was. Een prachtige ontmoeting, want toen ik binnenkwam in de studio, dacht ik dat je last had van vergroeide nekwervels. Je zat namelijk zo naar je telefoon te kijken dat je helemaal niet door had dat ik binnenkwam. Die gigantische telefoon van je, dat lijkt net een magnetron. Je zat er zo naar te kijken dat ik even dacht dat je aan het wachten was tot je maaltijd eruit kwam. Toen ik je een hand gaf om me voor te stellen, keek je met enige tegenzin op. Ik zag je ogen eerst niet, door die gemuteerde wimpers van je. Ik dacht nog: Wat een verwend klein puberaal etterbakje. Dit is niet mijn vriendin! Toen ik later als presentator aan Concentrate werd toegevoegd, kwam ik daar gauw op terug. Binnen heel korte tijd werd je een van mijn beste maatjes en dat ben je nog steeds, #NTB. Een wijze les, beoordeel mensen nooit op één ontmoeting.

◆ WAT IS ONZE LEUKSTE HERINNERING?

We hebben in korte tijd zoveel dingen meegemaakt en eigenlijk vooral heel veel leuke. We hebben dezelfde slechte, platte humor, dus we kunnen van saaie situaties toch iets leuks maken. Zo moesten we ooit voor een item filmen bij Safaripark Beekse Bergen. Jij kwam daar al aan met je bontjas, levensgevaarlijk, want als je ongesteld was, had je zo besprongen kunnen worden door een paar hitsige luipaarden. We werden daar begeleid door een medewerker, die gek was op dat park. Hij had ook een serieuze titel: 'ranger'. De man is één met z'n diertjes, de man leeft voor z'n diertjes. Niet verwonderlijk, dat hij z'n vak nogal serieus nam. Je bent niet zomaar ranger natuurlijk. Terwijl wij als twee clowns met zuurstofgebrek achter in z'n gammele safari-jeep zaten, vertelde hij vol passie over al die diertjes. Wij waren drukker bezig met onze vlog, snapchats en met de enorme penis die onder een voorbijlopende giraffe hing. Dat stoorde de ranger een beetje. Toen jij vervolgens de vraag stelde of je de diertjes ook aan kon raken, reageerde hij geïrriteerd: 'Ja, ze zijn fysiek, dus je kunt ze aanraken. Dat klopt. Maar of het slim is, is een tweede.' De toon was gezet, deze ranger is geen Mickey Mouse. Toen je vervolgens nog vroeg of de diertjes weleens ruzie hebben, was hij het zat: 'Och man, ja in godsnaam. In het dierenrijk heb je een bepaalde rangorde, ga je over de grens, dan kun je echt een enorm pak op je sodemieter krijgen.' Wij keken elkaar aan en hebben vervolgens een halfuur onder de banken gelegen. Onze ranger vond het allemaal wat minder grappig en heeft ons snel in het olifantenhok afgezet, waar we nog twee uur stront hebben staan scheppen.

◆ BESCHRIJF MIJ IN 1 WOORD

Rare.

◆ WAT VIND JE MIJN BESTE EIGENSCHAP?

Dat je ondanks dat je eruitziet als een opgepoetste voetbalvrouw die getrouwd is met haar creditcard, enorm veel humor hebt en wat mij betreft zo vrachtwagenchauffeur had kunnen zijn of thuishoort in een bouwkeet waar iedereen boert, scheten laat en 'kut' roept! Ofwel, je hebt overal schijt aan, terwijl je dat op het eerste gezicht niet zou denken.

◆ WAT VIND JE MIJN SLECHTSTE EIGENSCHAP?

Dat je vreselijk snel geïrriteerd kunt raken en je dan gedraagt als een klein meisje dat geen snoepjes krijgt van haar vader en gaat lopen stampvoeten. Maar ik heb je door hoor, kleine boef.

◆ **WAT ZOU JE NOG GRAAG SAMEN WILLEN DOEN?**

Eigenlijk helemaal niks, ik was van plan een beetje met je te gaan afbouwen. Grapje. Ik zou nog wel een keer met je naar dat geweldige hotel in Zwitserland willen, met dat zwembad en prachtige uitzicht op de bergen. Eigenlijk sowieso gewoon op reis gaan, zo veel mogelijk.

◆ **WAT DOE JE HET LIEFST MET MIJ?**

Massages nemen, uiteten en afsluiten met iets grappigs kijken op internet!

'We hebben dezelfde slechte, platte humor, dus we kunnen van saaie situaties toch iets leuks maken'

MIJN REACTIE OP KAJ

Wat fucking heerlijk deze lap tekst van je, ga alsjeblieft columns schrijven. De dag dat ik je dit vragenlijstje stuurde en je met deze bijbeltekst terugkwam, heb ik het meteen aan iedereen laten lezen die in mijn buurt was. Niemand die niet hardop moest lachen om je woordkeuzes, zinsopbouw en überhaupt de verhalen. Toen jij bij Concentrate kwam, had ik een beetje mijn twijfels. We hadden elkaar al eens ontmoet en ik vond je een beetje een schreeuwerig, aandachttrekkend typetje (gelukkig ben ik dat zelf niet). Maar nadat we een aantal livestreams samen hadden gedaan voor Concentrate en ik mezelf er altijd op betrapte dat ik tijdens vergaderingen echt in een scheur lag om de stront die er keer op keer op de meest komische wijze uit je mond kwam, bedacht ik dat ik jou eigenlijk wel een heel leuk mens vond. We begonnen buiten werk ook steeds meer contact te hebben en bellen nu eigenlijk wekelijks om even ons leven door te spreken. Er is niks wat ik jou niet zou vertellen en andersom en ik kan echt met zekerheid zeggen dat ik met niemand zo'n unieke vriendschap heb als met jou. Ik ben de vrouwelijke versie van jou en andersom. Ik vind het grappig dat je mijn slechtste eigenschap vind dat ik snel geïrriteerd ben, omdat jij mij als een van de weinige mensen uit mijn omgeving weer uit dat soort buien kunt halen. Je bent echt het meest ongeleide projectiel dat ik ken, maar je hebt echt een hoop mensenkennis. Ook vind ik het fijn dat wij heel eerlijk tegen elkaar kunnen zijn en dat, ondanks dat we elkaar vaak opnaaien en ons beginnen uit te sloven, we elkaar ook af kunnen remmen wanneer we elkaar duidelijk maken dat het wel ff een tandje minder mag.

Zou echt nog zoveel dingen samen willen doen, en het hoeven niet eens de meest spectaculaire dingen te zijn, want ik weet dat als ik met jou ben, ik toch heel de dag aan het gieren ben. Je krijgt mij echt voor geen goud 4 weken in een tent midden in de Ardennen, maar als me nu verteld zou worden dat ik met jou ging, dan had ik er gewoon zin in. Bedankt dat als ik je bel dat alles in het leven kut is, jij van die olifant weer een mug kunt maken en ik alle ellende die ik mezelf inbeeld weer vergeet als je een paar slechte grappen hebt gemaakt. En o ja, sorry dat ik veel van je slechte grappen jat en daar vervolgens de show mee steel als we met een groep zijn. De blik die je me dan geeft, is goud waard ☺ Love you Kajtje.

◆ **NAAM**

Steven Appels

◆ **GEBOORTEDATUM**

8 december

◆ **WOONPLAATS**

Amsterdam

◆ **HOE KENNEN WIJ ELKAAR?**

Well, wij kwamen elkaar altijd backstage tegen op de raarste plaatsen in Nederland. Toen je nog een schattig klein meisje was.

◆ **WAT IS ONZE LEUKSTE HERINNERING?**

Deze is moeilijk! Als ik aan jou denk, denk ik aan Groningen, waar wij na Noorderslag midden in de nacht door het hotel liepen en met de gang MET kleding aan de sauna in gingen en daarna knuffelbeertjes hebben gejat bij de receptie! Maar… hahaha ik denk ook meteen aan één moment op een mooi, helaas overleden event genaamd Bungalup, waar jij lijp stond te twerken in het zwembad! De bananen/sprite challenge en natuurlijk alle feestjes waar wij ooit kwamen, die veranderde in een battlefield ☺. Te veel leuke herinneringen!

◆ BESCHRIJF MIJ IN 1 WOORD

Helemaalgekinjegezicht (dat is één woord).

◆ WAT VIND JE MIJN BESTE EIGENSCHAP?

Je bent erg behulpzaam voor de mensen om je heen.

◆ WAT VIND JE MIJN SLECHTSTE EIGENSCHAP?

Je bent ontwijkend. Niet altijd direct.

◆ WAT ZOU JE NOG GRAAG SAMEN WILLEN DOEN?

Ik kan niks specifieks verzinnen, maar iets impulsiefs! En dan echt iets waar jij in eerste instantie 'Neee, rot op... dat ga ik echt niet doen!' over roept.

◆ WAT DOE JE HET LIEFST MET MIJ?

Beetje eten, beetje idioot doen, beetje drinken, beetje fissa, beetje afteren en weer opnieuw.

'Helemaal-
gekinjegezicht
(dat is één
woord)'

MIJN REACTIE OP STEVEN

Hahaha, ga stuk als ik dit lees, zoveel herinneringen met jou. Ook de videoclip die we maakten midden in de nacht op de stoep en in de garage van mijn woning samen met Sophie. Toen ik je leerde kennen was ik nog dj van Ronnie en jij (nu ook nog) van Jebroer. Vond het altijd superleuk als Ronnie en Tim op hetzelfde event moesten optreden, omdat jullie altijd vet gezellig waren. Vooral die nacht in het hotel in Groningen na Noorderslag is echt priceless, haha. Te grappig. Toen ik in Amsterdam kwam wonen was jij degene die tijd maakte om iedere vrijdag met mij in Studio West in een hokje te oefenen om te draaien. Na een aantal weken zeiken dat ik het toch nooit voor elkaar kreeg en ik er nou wel klaar mee was en het niet snapte, bleef je aandringen dat het vanzelf een keer kwam en daar had je gelijk in. Je bent supervaak meegegaan naar boekingen aan het begin en ik was dan ook oprecht blij als jij zei dat ik een set goed gedraaid had bijvoorbeeld. Als ik mijn USB-stick kwijt was, dan was je daar om hem geheel op te vullen en alles in te stellen op rekordbox. Als ik geen vervoer had, stond je weer voor m'n woning met je autootje om me te vergezellen naar een ochtendshow van FunX. En zo kan ik nog wel even doorgaan met situaties waarin je er altijd voor me was. Liefdesverdriet, boosheid, blijheid, whatever, jij was er! Daar ben ik je megadankbaar voor en ik vind het jammer dat we elkaar minder vaak zien. Maar als we elkaar zien, is het altijd goed en ik weet nog hoe leuk ik het vond je te zien bij Valhalla afgelopen december. Haha. *Thanks Steve, for being there* en ik waardeer jou enorm als persoon. Je bent superchill, grappig en maakt nooit ergens een probleem van. Ook ben je megalief voor je familie. Zal nooit vergeten hoe cool ik het van je vond dat je voor je zusjes verjaardag een roze hummer voor liet rijden, haha. Ik hoop dat je weet dat je altijd bij mij terecht kunt voor wat dan ook en onze vriendschap onveranderd blijft! X

◆ **NAAM**

Dylan Fernandes

◆ **GEBOORTEDATUM**

7 maart 1993

◆ **WOONPLAATS**

Rotterdam

◆ **HOE KENNEN WIJ ELKAAR?**

Door Ronnie Flex

◆ **WAT IS ONZE LEUKSTE HERINNERING?**

Jean Marc in Lloret of Jean Marc in Suriname

◆ **BESCHRIJF MIJ IN 1 WOORD**

Top.

◆ **WAT VIND JE MIJN BESTE EIGENSCHAP?**

Je bent aardig.

◆ **WAT VIND JE MIJN SLECHTSTE EIGENSCHAP?**

Je kunt superkut zijn.

◆ **WAT ZOU JE NOG GRAAG SAMEN WILLEN DOEN?**

Naar een R. Kelly concert in Spanje!

◆ **WAT DOE JE HET LIEFST MET MIJ?**

Lachen.

MIJN REACTIE OP DYLAN

Whaha, lekker droog ditsie. Niemand die dit leest gaat dit begrijpen, aangezien je antwoorden uit allemaal cryptische inside jokes bestaan. Ik ben blij dat ik jou heb leren kennen toen je begon als tourmanager voor Ronnie, en ook dat je bijvoorbeeld filmde, terwijl Jean Marc en ik bijna elkaars hersens insloegen toen we in Suriname waren voor wat shows van Ronnie. Op dat moment kan ik jou dan wel ophangen, maar achteraf zijn we altijd blij dat we de video's nog hebben... Zo ben ik ook blij dat ik nog steeds een aantal video's van Lloret de Mar in mijn bezit heb, haha. Wat hebben we met heel de groep een aantal gekke zomertours, shows en momenten meegemaakt en ik zou alles voor geen goud hebben willen missen. Ik vond het ook superlief dat we in Suriname iedere dag met open armen werden ontvangen bij je opa en oma. En je moeder is een schatje! Blijf met beide benen op de grond en ik wens je het allerbeste! X

◆ **NAAM**

Marcella Wagensveld

◆ **GEBOORTEDATUM**

26 oktober

◆ **WOONPLAATS**

Utrecht

◆ **HOE KENNEN WIJ ELKAAR?**

Via Concentrate. Hoewel we probeerden om als professionals met elkaar om te gaan, bleek al vrij snel dat we dezelfde gitzwarte humor hebben. Love you for it!

◆ **WAT IS ONZE LEUKSTE HERINNERING?**

De confettidouche die je me gaf tijdens mijn verjaardagsfeestje. Midden in mijn woonkamer. Als je goed kijkt zie je de confettisnippers nog steeds tussen de planken van de houten vloer liggen. Thanks daarvoor.

◆ **BESCHRIJF MIJ IN 1 WOORD**

Glamourous. Je pakt nog een taxi als je even naar de supermarkt moet. Maar vooral omdat je zelfs zonder make-up en een fatsoenlijke outfit het voor elkaar krijgt om te shinen.

◆ **WAT VIND JE MIJN BESTE EIGENSCHAP?**

Je leven is crazy en mensen verwachten van alles van je. Maar ondanks dat blijf je nuchter en lief voor de mensen die dicht bij je staan.

◆ **WAT VIND JE MIJN SLECHTSTE EIGENSCHAP?**

Je eetpatroon. Bizar wat je allemaal in je bek propt. Nog meer bizar is het dat McDonald's je niet maandelijks betaalt voor alle promo die je ze geeft.

◆ **WAT ZOU JE NOG GRAAG SAMEN WILLEN DOEN?**

Backstage sneaken bij een concert van Justin Bieber.

◆ **WAT DOE JE HET LIEFST MET MIJ?**

Ons vreselijk misdragen in een Portugese club. Daar vervolgens heel hard om lachen om de volgende dag weer net zo hard te gaan.

'Bizar wat je allemaal in je bek propt'

MIJN REACTIE OP MARCELLA

Marcella Stracciatella, topwijfie ben jij. Ik weet nog dat je bij Concentrate kwam werken en ik alleen maar kon denken dat ze iemand hadden aangenomen die net recht uit de Berghain in Berlijn naar d'r eerste werkdag was komen rollen. Ouwe alto van me. Bij nader inzien viel het allemaal wel mee en kwam ik erachter dat je idd dezelfde gitzwarte humor als ik had. Aangezien we samen moesten werken, werd van ons verwacht dat we ons professioneel op zouden stellen en daar hadden we af en toe wat moeite mee. Toen we voor werk naar Albufeira moesten om items te draaien was er geen censuur meer en zijn we redelijk over de schreef gegaan. Waar het echt not done was om crew en hosts te laten mixen, ontsnapte ik de eerste nacht uit mijn heerlijke bedje, waar de veren letterlijk vanuit het matras mijn rug in prikten, naar jouw hotelkamer met tweepersoonsbed en jacuzzi op het balkon. Toen we stomdronken van de club naar jouw hotel strompelden en ik het noodzakelijk vond om van de hoogste berg in Albufeira naar beneden te pissen, stond jij iemand van de crew een preek te geven dat je het niet vond kunnen dat hij zo professioneel was dat hij zelfs midden in de nacht nog met led-lampen liep te sjouwen en ervoor zorgde dat alle apparatuur goed terechtkwam. Achteraf gezien was het pure afgunst, omdat je het zelf niet meer voor elkaar kreeg überhaupt de jacuzzi op je balkon aan te krijgen en we vervolgens samen de halve nacht in een koud laagje water van ongeveer 10 cm hoog hebben gezeten. Had me toch een pornografischer beeld voorgesteld van twee meiden in bikini samen spelend in een jacuzzi in Portugal tot de zon opkwam. Ondanks dat we echt ontiegelijk veel lol hebben gehad, ben je me ook vaak zat geweest en heb je me op mijn plek moeten zetten als ik er weer eens samen met Gorgels voor zorgde dat jouw werkdag een regelrechte hel was. Gelukkig duurden jouw sneertjes nooit lang en hebben we er een megaleuke driehoeksverhouding met Gorgels op nagehouden. Want of ik nou je nieuwe slaapkamer sta te verven, we samen naar een concert van Bieber gaan of we de Fresh Papi chat 2.0, of in het bijzonder Fresh Papi chat 1.0 nog eens nalezen en ons verbazen over hoe belachelijk wij zijn, alles is net zo leuk. Na Albufeira ben je gestopt bij Concentrate (logisch dat je op je hoogtepunt moet stoppen) en ben je weer aan de slag gegaan bij BNN, waar je veel meer op je plek zit. Ik gun je het allerbeste en ook al zien wij elkaar niet dagelijks, wekelijks of zelfs maandelijks, jij bent een heuse, heerlijk nuchtere, lekkere (vooral je borsten, niet te doen) toevoeging aan mijn leventje!

◆ **NAAM**

Patty Voll

◆ **GEBOORTEDATUM**

3 januari 1960

◆ **WOONPLAATS**

Hendrik-Ido-Ambacht

◆ **HOE KENNEN WIJ ELKAAR?**

Al vanaf je geboorte, want je bent mijn allerliefste dochter.

◆ **WAT IS ONZE LEUKSTE HERINNERING?**

Veel leuke herinneringen, o.a. op vrijdagmiddag samen high tea bij het Theekransje in Dordrecht.

◆ **BESCHRIJF MIJ IN 1 WOORD**

In één woord: lef.

◆ **WAT VIND JE MIJN BESTE EIGENSCHAP?**

Je bent best wel empatisch en hebt een groot gevoel voor humor.

◆ **WAT VIND JE MIJN SLECHTSTE EIGENSCHAP?**

Hangry. Je wordt goed chagrijnig als je honger hebt.

◆ **WAT ZOU JE NOG GRAAG SAMEN WILLEN DOEN?**

Samen nog eens een mooie reis maken, zoals we al aardig wat mooie vakanties hebben gehad.

◆ **WAT DOE JE HET LIEFST MET MIJ?**

Het liefst kook ik je lievelingseten voor je en dan samen eten en bijkletsen.

'Het liefst kook ik je lievelingseten voor je en dan samen eten en bijkletsen'

MIJN REACTIE OP PATTY

W Wat lief en leuk om te lezen. Ondanks dat ik me in de puberteit aardig tegen je heb afgezet en dat af en toe nog niet helemaal hersteld lijkt, ben ik de woensdagmiddagen niet vergeten waarop we het altijd erg gezellig hadden. Sinds ik uit huis ben, zie ik je veel te weinig. Maar als we samen zijn is er ook weinig nodig om ons weer te irriteren, haha. Denk dat dat een moeder-dochterding is op sommige fronten. Ik ben je ontzettend dankbaar dat je er altijd voor me bent en dat ik op welk moment dan ook gewoon naar huis kan rijden en huilend in je armen kan vallen als ik verdrietig ben, omdat ik liefdesverdriet heb of er gewoon even helemaal doorheen zit. Jij bent er dan altijd voor me en je bent de eerste persoon door wie ik dan ook eigenlijk getroost wil worden. Lekker in Ambacht in mijn oude kamer in bed liggen en wachten tot het eten klaar is, om vervolgens na het eten onder een dekentje op de bank te kruipen en *Gooische Vrouwen* te kijken, zoals we dat vroeger elke zondag met het hele gezin deden. Ik hoop dat je gelukkig bent en na een moeilijke tijd in je leven weer veel plezier uit van alles en nog wat kunt halen en ik ben trots op hoe je je staande weet te houden whatever happens. Hou van je mammie.

◆ **NAAM**

Matthijs Geuze

◆ **GEBOORTEDATUM**

28 augustus 1992

◆ **WOONPLAATS**

Parijs

◆ **HOE KENNEN WIJ ELKAAR?**

Sinds 27 maart 1995 ben je m'n zus.

◆ **WAT IS ONZE LEUKSTE HERINNERING?**

Op vakantie in Spanje spookijsjes eten en dan muziek maken met de plastic stokjes tussen onze tanden. Of dat hamerspel met die mollen doen. Of dat we weer eens samen wegliepen van huis naar het bruggetje naast een wilg, omdat onze kamers niet opgeruimd waren en alles toen weggegooid zou worden.

◆ **BESCHRIJF MIJ IN 1 WOORD**

Pittig.

◆ **WAT VIND JE MIJN BESTE EIGENSCHAP?**

Je hebt humor.

◆ **WAT VIND JE MIJN SLECHTSTE EIGENSCHAP?**

We kunnen nooit iets uitpraten ☺.

◆ **WAT ZOU JE NOG GRAAG SAMEN WILLEN DOEN?**

Skydiven!!! Samen naar Tokyo,
of samen naar New York (maar niet
langer dan een week ☺)

◆ **WAT DOE JE HET LIEFST MET MIJ?**

Gek.

'Pittig'

MIJN REACTIE OP MATTHIJS

Dat wij nooit iets uit kunnen praten klopt, maar ik denk ook dat dat hoort bij broer en zus zijn en dat het na een tijdje toch altijd wel weer goed is. Soms ben ik erg hard en gemeen tegen je en heb ik de seconde nadat je de deur uit loopt en weer richting Parijs gaat alweer spijt van mijn gesnauw en gemene gedoe, maar toch kun je het ook altijd weer van me hebben. Ik hoop dat je snel weer in Nederland komt wonen, want ik vind het altijd gezellig om spontane dingen met je te doen in plaats van dat we moeten plannen wanneer we samen de stad in kunnen, omdat je zo ver weg woont en altijd een megadruk schema hebt wanneer je weer in Amsterdam bent. Ik vergeet nooit de dag dat ik heel verdrietig was en je me probeerde te troosten met een flesje poppers, aangezien ik daar volgens jou wel weer rustig van zou worden, haha. Je bent niet de meest beschermende broer, want waar de ene broer zijn zusje van domme gasten weg zou houden, zou jij me nog vragen of ik ervan heb genoten als ik in de kamer naast je lig te gangbangen met tien gasten. Tenminste, dat denk ik want ik heb het nog nooit in de praktijk ondervonden, maar goed. Dit betekent wel dat je mij te allen tijde mijn ding laat doen en ik altijd alles aan je kan vertellen en dat vind ik fijn. Soms wil je mij iets te gedetailleerd dingen over jouw leven vertellen en dan vergeet je soms dat ik je kleine zusje ben. Dan heb je een kleine reminder nodig en laat je je verhaal lekker bij Danique los. Ik maak soms grapjes dat ik jaloers ben als Danique en jij samen afspreken, omdat zij vaker in Parijs is. Maar eigenlijk vind ik het echt superleuk dat jullie het zo goed met elkaar kunnen vinden. Ik hoop dat we nog veel zussentrips met zijn drieën kunnen maken en dat de vriend van Danique je dan steeds iets minder een vage gast vindt, want eigenlijk ben jij ook mijn zus. Love you.

◆ **NAAM**

Amber Wattimena

◆ **GEBOORTEDATUM**

19 maart 1995

◆ **WOONPLAATS**

Zaandam

◆ **HOE KENNEN WIJ ELKAAR?**

Van uitgaan in de Jimmy Woo, haha!

◆ **WAT IS ONZE LEUKSTE HERINNERING?**

We hebben te veel leuke herinneringen... Maar denk toch wel dat onze vakantie in Miami het leukst was!

◆ **BESCHRIJF MIJ IN 1 WOORD**

Crazy!

◆ **WAT VIND JE MIJN BESTE EIGENSCHAP?**

Eerlijkheid.

◆ **WAT VIND JE MIJN SLECHTSTE EIGENSCHAP?**

Jaloezie (als het om je vriend gaat).

◆ **WAT ZOU JE NOG GRAAG SAMEN WILLEN DOEN?**

Veel reisjes, etentjes en feestjes.

◆ **WAT DOE JE HET LIEFST MET MIJ?**

Winkelen en ons daarna vol eten ☺

MIJN REACTIE OP AMBER

A Aawww ik blijf de manier hoe wij elkaar kennen te leuk vinden. Vooral omdat je op deze leeftijd eigenlijk nooit nieuwe vriendinnen maakt tijdens uitgaan. Wij raakten aan de praat en gingen een weekje later samen wat eten. Na een tijdje hadden we ineens door dat we de laatsten waren in het restaurant en dat ze gingen sluiten. Jij maakt alles in Amsterdam leuker, ook al zie ik jou niet voor de rest van je leven in Nederland wonen. Op een dag zit jij lekker met je kont in Amerika. Wat me meteen aan onze leukste vakantie doet denken, waarbij we in Miami met Kiana, Iris, Saar, Ouasim en Mike in een stripclub belandden en ons daar op onze manier lieten gaan, haha. Ik kan gewoon niet stoppen met lachen als ik denk aan de video's die we daar nog van hebben. Ook onze gezamenlijke Mac-'n-Cheeseverslaving en het eeuwige taggen van elkaar in de tasty filmpjes op Facebook horen bij onze vriendschap. Ik vind het mooi om te zien hoe jij en je zusje samen een succesvol modelabel runnen en ben trots op jullie. Liefs!

◆ **NAAM**

Danique Bossers

◆ **GEBOORTEDATUM**

2 september 1992

◆ **WOONPLAATS**

Rotterdam

◆ **HOE KENNEN WIJ ELKAAR?**

Via mijn broertje Diego. Ik heb je bijles wiskunde gegeven en je als 16-jarig jonkie meegesleurd naar Club Vie ☺.

◆ **WAT IS ONZE LEUKSTE HERINNERING?**

Dat is een moeilijke vraag. We hebben echt superveel gedaan in het afgelopen jaar. Ik denk onze trip naar Milaan, waar ons 'fleeklife' begon, of de trip naar Malta, de gedwongen sleep-overs, de zomertour (ook al ben je heel saai om mee te vliegen ☺). Maar misschien toch wel het allerleukst vind ik de non-fleekdagen waarop we patat en snacks bestellen en vloggy's kijken. Ik bedenk nu trouwens dat paardrijden in de supermarkt eigenlijk toch wel met stip bovenaan staat. Volgens mij heb ik nog nooit zo hard gelachen als toen, en erna om de vlog... Hahahaha.

◆ BESCHRIJF MIJ IN 1 WOORD

Bedankt voor deze moeilijke vragen, ik ga voor rockstar. Jij rockt gewoon alles wat je doet, *on another level.*

◆ WAT VIND JE MIJN BESTE EIGENSCHAP?

Dat je loyaal bent. Je kunt best hard zijn tegen onbekenden, maar als mensen eenmaal een plekje bij jou hebben, kun je veel hebben. Je gunt iedereen alles en bent heel vergevingsgezind.

◆ WAT VIND JE MIJN SLECHTSTE EIGENSCHAP?

Dat je zo supernonch bent, dat wanneer we samen zijn, ik me driedubbel zorgen moet maken.

◆ WAT ZOU JE NOG GRAAG SAMEN WILLEN DOEN?

Naar LA gaan en ondernemen!

◆ WAT DOE JE HET LIEFST MET MIJ?

FLEEKEN.

Verder moet er ook absoluut nog in dat je echt een heel harde werker bent. Veel mensen weten dat niet, of kunnen dat simpelweg niet zien, maar jouw carrière is echt geen makkie. Ik ben supertrots op je, zus!

'De weg naar succes is hobbelig, en slechts weggelegd voor sommigen'

MIJN REACTIE OP DANIQUE

Z

ZUS! Waaah, waar moet ik beginnen? Hoe lijp is onze vriendschap ontstaan? Waar je m'n ouders 5/6 jaar geleden leegtrok voor die wiskundebijles van 10 euro per uur, omdat ik bij je broertje in de klas zat en je er daarna voor zorgde dat ik als 16-jarige smurf in Club Vie stond met veel te weinig kleding aan, zorg je er nu voor dat elke laatste cent op mijn rekening er ook doorheen wordt gejaagd, omdat we elkaar altijd opnaaien voor veel te dure aankopen. Klinkt niet heel positief dit, maar ondanks dat ben jij de allerbeste toevoeging aan mijn leven. Er is niemand waar ik zo hard mee kan lachen, maar ook mee kan huilen en waar ik zo eerlijk tegen kan zijn, maar van wie ik ook altijd de meest eerlijke feedback terugkrijg. En man, ik heb een hekel aan het woord en gebruik het alleen voor de grap, maar wat ben jij een carrièretijger. Wij hebben het altijd over leiders en volgers en als er iemand een leider is, ben jij het wel. Je weet wat je wilt en gaat daar ook echt voor, ondanks dat je soms in staat bent om iedere haar op je hoofd er individueel uit te rossen. Met jou vind ik alles leuk om te doen, behalve fleeken, aangezien jij echt traag bent. Maar als we eenmaal gefleekt zijn, interesseert het me geen zak wat we doen. Of ik je weer eens meesleur naar een boeking in binnen- of buitenland, jij me meesleurt op inkoop voor je fantastische winkel, we al ons geld over de toonbank smijten, omdat we elkaar opnaaien, of dat we snackbar bestellen en lekker films gaan kijken op die box van je. Die onwijs gave dvd-box waar je vol trots over zat te vertellen. Die je je had laten aansmeren op de Margriet Winter Fair, omdat je een lekker dagje uit was geweest met het vrouwelijk schoon van de familie. In extase facetimede je me en legde je het brede scala aan series, films en tv-shows uit die allemaal op die box stonden waar je maar eenmalig een belachelijk hoog bedrag voor neer hoefde te tellen. Maar dan had je ook wat hè? Wij vervolgens helemaal in de gloria, omdat we dachten dat we alle seizoenen van *The Hills* konden kijken. En of we toen van een koude kermis terugkwamen! Mevrouwtje had zich ff op laten lichten en bij het aanklikken van enkele afleveringen kregen we alles te zien behalve *The Hills*. Dit is dan ook de enige keer dat jij je hebt laten oplichten volgens mij, want jij laat je niet zomaar een oor aannaaien. Zoals ik me nergens druk om kan maken op sommige momenten, kun jij dat keer 10 en dat maakt je een heerlijke controlfreak. Soms geniet ik er gewoon van om even extra nonchy met dingen om te gaan en dan zie ik je hartslag gewoon stijgen. Af en toe heb je het idee dat je mijn moeder bent en dat vind ik heerlijk, want ik hou ervan om op iemand terug te kunnen vallen en bij jou weet ik dat ik dat altijd zou kunnen. Bewonder je om hoe gul je bent voor iedereen om je heen en hoe jij echt recht op je doel af gaat. Ik hoop dat we samen nog een hoop zullen bereiken en, naast dat we veel van elkaar kunnen leren, we ook nog een heleboel lol zullen hebben en de beste herinneringen maken. Een zus heb je niet voor even, maar voor het leven. Snap ik wel, ja (love onze inside jokes). En love you.

◆ **NAAM**

Noor de Groot

◆ **GEBOORTEDATUM**

13 mei 1987

◆ **WOONPLAATS**

Amsterdam

◆ **KLEUR OGEN**

Groen

◆ **LIEVELINGSETEN**

Mexicaans

◆ **HOE KENNEN WIJ ELKAAR?**

Van 'werk'. Wij volgden elkaar al lang op social media en hebben elkaar op een Cosmopolitan fotoshoot ontmoet en het was liefde op het eerste gezicht ☺.

◆ **WAT IS ONZE LEUKSTE HERINNERING?**

Ons diner met River Island in Londen, ik heb letterlijk de hele avond gelachen van de neptattoo's en serenades.

◆ **BESCHRIJF MIJ IN 1 WOORD**

Eerlijk!

◆ **WAT VIND JE MIJN BESTE EIGENSCHAP?**
Je bent altijd overal voor in en doet nooit moeilijk.

◆ **WAT VIND JE MIJN SLECHTSTE EIGENSCHAP?**
Je vertoont soms een beetje destructief gedrag ☺.

◆ **WAT ZOU JE NOG GRAAG SAMEN WILLEN DOEN?**
Op vakantie naar Los Angeles en een paar weken lang daar alleen maar eten ☺.

◆ **WAT DOE JE HET LIEFST MET MIJ?**
ETEN.

'Je bent altijd overal voor in en doet nooit moeilijk'

◆ **NAAM**

Sander Kleinenberg

◆ **GEBOORTEDATUM**

29 december 1971

◆ **WOONPLAATS**

Amsterdam

◆ **KLEUR OGEN**

Grijs/blauw

◆ **LIEVELINGSETEN**

Japans/Peruviaans

◆ **HOE KENNEN WIJ ELKAAR?**

Ik vang je regelmatig emotioneel en hongerig op.

◆ **WAT IS ONZE LEUKSTE HERINNERING?**

Ik hou van elk moment dat je je enthousiasme en nuchtere levensvisie met mij (ons) deelt.

◆ **BESCHRIJF MIJ IN 1 WOORD**

Nuchter.

◆ **WAT VIND JE MIJN BESTE EIGENSCHAP?**

Je bent bloedje eerlijk.

◆ **WAT VIND JE MIJN SLECHTSTE EIGENSCHAP?**

Je scheldt als een bouwvakker.

◆ **WAT ZOU JE NOG GRAAG SAMEN WILLEN DOEN?**

Vakantie in Californië.

◆ **WAT DOE JE HET LIEFST MET MIJ?**

Je plagen.

'Je scheldt als een bouwvakker'

◆ **NAAM**

Bibi Kleinenberg

◆ **GEBOORTEDATUM**

21 december 2004

◆ **WOONPLAATS**

Amsterdam

◆ **KLEUR OGEN**

Donkerbruin

◆ **LIEVELINGSETEN**

Sushi / Nutella

◆ **HOE KENNEN WIJ ELKAAR?**

Via Noor en papa.

◆ **WAT IS ONZE LEUKSTE HERINNERING?**

Dat we gingen tennissen.

◆ **BESCHRIJF MIJ IN 1 WOORD**

Je bent heel erg eerlijk.

◆ **WAT VIND JE MIJN BESTE EIGENSCHAP?**

Je zegt gewoon wat je denkt en het boeit je niet wat anderen mensen dan zeggen.

◆ **WAT VIND JE MIJN SLECHTSTE EIGENSCHAP?**

Je scheldt nogal veel.

◆ **WAT ZOU JE NOG GRAAG SAMEN WILLEN DOEN?**

Op vakantie gaan.

MIJN REACTIE OP NOOR, SANDER EN BIBI

Yaay, mijn meest favoriete trio ooit. Wat zijn jullie toppers en ben ik blij dat ik jullie ken. Toen ik Noor ontmoette op een shoot was het, zoals je zelf al zegt, liefde op het eerste gezicht. Ik denk dat daar de beste vriendschappen uit ontstaan en we merkten meteen dat we allebei totaal dezelfde bloedgroep hadden. Met jullie kan ik tot midden in de nacht de allerbeste gesprekken voeren, die serieus, grappig, verdrietig, eerlijk en hilarisch tegelijk zijn. Toen Noor en ik voor het eerst afspraken bij een van onze favo lunchspots Louis Louis, kwamen Sander, Bibi en de allerliefste baby Olivia langs. Ik ken weinig mensen die zo aan elkaar gewaagd zijn als Noor en Sander en bewonder hun relatie enorm. Ook hoe ze samen omgaan met de belachelijk knappe en intelligente Bibi (dochter van Sander uit een eerdere relatie) en hoe ze samen hun pasgeboren dochter Olivia opvoeden en vooral genieten van haar bestaan. Net zoals ik trouwens, want ik baal altijd als een stekker als het tijd is voor die kleine smurf om naar bed te gaan, terwijl ik nog met d'r wil knuffelen. Jullie laten zien dat het leven echt een stuk makkelijker kan gaan dan veel mensen denken en het nooit nodig is om beren op de weg te zien als die er niet zijn. Hoe chill jullie Bibi en Olivia opvoeden kan alleen maar een voorbeeld zijn voor mij, voor hoe ik dat graag in de toekomst zou doen. Jullie hebben het allebei belachelijk druk en werken keihard en ondanks dat krijgen jullie het ook nog voor elkaar genoeg family time te hebben en voor iedereen de deur open te zetten. Iedereen kan altijd blijven eten of logeren en er hangt nooit een vervelende sfeer in huis. Om verder trouwens nog maar te zwijgen over hoe mooi jullie huis is, want daar zou ik al een boek an sich over kunnen schrijven. Aangezien jullie alle drie aangeven met mij op vakantie te willen

en dat volledig wederzijds is, denk ik dat we daar maar eens serieuze plannen voor moeten opstellen, aangezien er nog een hoop herinneringen gemaakt moeten worden (en dan zal ik proberen om op mijn taalgebruik te letten, sorry Biebs). Ik spring een beetje van de hak op de tak, maar moet altijd lachen van schaamte als ik denk aan wat genante momentjes bij jullie thuis, die niet per se geschikt zijn om op te schrijven. Maar jullie weten zelf waar ik het over heb.
Ik vind letterlijk alles leuk om met jullie te doen, want heb jullie graag om me heen. Of het nou een middag op de tennisbaan is, we Olivia in bad doen, of dat we door de Bijenkorf lopen en Noor, Bibi en ik, Sander constant papa noemen. Love it.

Goed, klaar met slijmen en nog één ding. Ik vind dat jullie meer moeten koken, want dat kunnen jullie beiden echt belachelijk goed. Love you guys en laten we die vakantie serieus snel plannen. Kus!

◆ **NAAM**

Kiana Cova

◆ **GEBOORTEDATUM**

15 november 1995

◆ **WOONPLAATS**

Amsterdam

◆ **HOE KENNEN WIJ ELKAAR?**

Wij kennen elkaar via gemeenschappelijke vrienden – **coughcough ex BF Lil Kleine* forced our friendship and now he regrets it but OK.*

◆ **WAT IS ONZE LEUKSTE HERINNERING?**

Onze leukste herinnering samen is gewoon elke dag in Curaçao. Zwemmen in Klein Curaçao of naar Annaliet voor fleeky make-up.

◆ **BESCHRIJF MIJ IN 1 WOORD**

Selfmade.

◆ **WAT VIND JE MIJN BESTE EIGENSCHAP?**

That you don't care what anybody has to say about you, but you do get defensive when it's about your friends.

◆ **WAT VIND JE MIJN SLECHTSTE EIGENSCHAP?**

Overthinking.

◆ **WAT ZOU JE NOG GRAAG SAMEN WILLEN DOEN?**

Get matching diamond tattoos, because I'm jealous you have one with someone else.

◆ **WAT DOE JE HET LIEFST MET MIJ?**

Cook at home, watch a movie with some wine... a lot of wine.

MIJN REACTIE OP KIANA

Onze leukste herinneringen samen zijn zeker gemaakt op Curaçao, waar jij iedere vakantie weer voor iedereen klaarstaat om ze de allerbeste tour over jouw eiland te geven. Toen ik voor het eerst van je hoorde, moet ik zeggen dat je niet mijn favoriete mens ter wereld was, maar daar ben ik op teruggekomen, want ik zou je geen seconde willen missen. Ik kan altijd bij je terecht en ik hoop dat jij weet dat je dat ook bij mij kunt. Ik bewonder je zelfstandigheid enorm en vind het fijn aan jou dat je altijd realistisch naar elke situatie kijkt zonder een kant te kiezen. *I like you a lot* en hoop dat we samen nog een hoop van de wereld mogen zien.

◆ **NAAM**

Anthea Bronwasser

◆ **GEBOORTEDATUM**

1 maart 1995

◆ **WOONPLAATS**

Zwijndrecht

◆ **HOE KENNEN WIJ ELKAAR?**

3e klas havo. Terrorjaar.

◆ **WAT IS ONZE LEUKSTE HERINNERING?**

Too many, eigenlijk alles van samenwonen op de Oostelijke... de sleepovers! Includes a lot of late night snacking, duh.

◆ **BESCHRIJF MIJ IN 1 WOORD**

Draak.

◆ **WAT VIND JE MIJN BESTE EIGENSCHAP?**

Een hartje van goud, echt.

◆ WAT VIND JE MIJN SLECHTSTE EIGENSCHAP?

Gul zijn (is goed, maar ook slecht, wil niet dat mensen misbruik van je maken).

◆ WAT ZOU JE NOG GRAAG SAMEN WILLEN DOEN?

Op vakantie.

◆ WAT DOE JE HET LIEFST MET MIJ?

Eten, hihi. Of op boevenpad (veel te lang geleden trouwens).

'Een hartje van goud, echt'

MIJN REACTIE OP ANTHEA

Haha OMG Anti, de band die wij hebben valt niet eens te beschrijven. Wat we vaker tegen elkaar zeggen, wij zijn meer zusjes dan vriendinnen. Ondanks dat we elkaar deze dagen veel te weinig zien, weten we beiden dat we bij elkaar terecht kunnen en alles tegen elkaar kunnen zeggen. Ik ben blij dat we samen met Femke naar Amsterdam zijn verhuisd en dat we met zijn drieën een hoop herinneringen hebben gemaakt in ons huisje aan de Oostelijke Handelskade. Maar ook de herinneringen die wij hebben gemaakt in Ambacht, Zwijndrecht en Rotterdam zijn niet te vergeten. De uurtjes spijbelen om vervolgens in je bed te gaan liggen en niks te doen, je vogeltje Binky uitlachen, omdat hij tegen een speelgoedje van de Albert Heijn aan het naaien was in zijn hokje en het achteraf lachen om de goedbedoelde, maar toch komische preken van je lieve moedertje. Ook zal ik de avond waarop we beiden onze verjaardag vierden niet vergeten, waarop we van iedereen verwachtten dat ze in het zwart zouden komen, zodat wij konden shinen in onze gouden jurkjes, haha. Sinds we niet meer samenwonen en hele nachten kunnen midnightsnacken als we niet kunnen slapen, mis ik je nog heel vaak. Soms sliepen we gewoon weken achter elkaar samen in bed, omdat we het gezellig vonden. Ik denk dat we beiden heel erg zijn veranderd en allebei een beetje een andere 'scene' zijn.

◆ **NAAM**

Giovanni Laisina

◆ **GEBOORTEDATUM**

14 augustus

◆ **WOONPLAATS**

Amsterdam

◆ **HOE KENNEN WIJ ELKAAR?**

Wij kennen elkaar via Jorik.

◆ **WAT IS ONZE LEUKSTE HERINNERING?**

Pfff, onze impulsieve bezoekjes aan de McDonald's midden in de nacht. Om in de junkfoodsferen te blijven, onze poging tot het eten van glutenfree hamburgers om die vervolgens na één hap weg te gooien. Die vrijdagavond in de Jimmy Woo dat wij het voor elkaar kregen dat Ronnie Flex' *Energie* tot 3x toe gedraaid werd door de dj.

◆ **BESCHRIJF MIJ IN 1 WOORD**

Alleskunner.

◆ **WAT VIND JE MIJN BESTE EIGENSCHAP?**

Je bent enorm zorgzaam voor de mensen om je heen en hebt je hart op de juiste plek. Ook bewonder ik je gedrevenheid om hetgeen waar je mee bezig bent tot een groot succes te maken.

◆ **WAT VIND JE MIJN SLECHTSTE EIGENSCHAP?**

Van al de keren dat ik je heb gebeld, heb je misschien 2x je telefoon opgenomen. Een eigenschap die wij delen, haha. Love and hate it!

◆ **WAT ZOU JE NOG GRAAG SAMEN WILLEN DOEN?**

The perfect vacay in LA! Met een kleine turn-uptrip naar Las Vegas tussendoor.

◆ **WAT DOE JE HET LIEFST MET MIJ?**

Lekker uiteten, drankjes doen en daarna de stad onveilig maken. En ongegeneerd roddelen in onze 'Too Much Sauce'-groepsapp!

'Alleskunner'

◆ **NAAM**

Mitchel Gray

◆ **GEBOORTEDATUM**

Ben ik vergeten...

◆ **WOONPLAATS**

Amsterdam

◆ **HOE KENNEN WIJ ELKAAR?**

Ik heb je leren kennen via Jorik.

◆ **WAT IS ONZE LEUKSTE HERINNERING?**

De dag dat je je geheimpje met mij deelde dat wij samen gemeen hebben. En er zijn er daarna wel veel meer geweest, maar dit is mij altijd bijgebleven.

◆ **BESCHRIJF MIJ IN 1 WOORD**

Er is niet 1 woord hoe ik je kan beschrijven: je bent gek en gezellig tegelijk. Een van mijn coolste en beste vriendinnen geworden! Een topper!

◆ **WAT VIND JE MIJN BESTE EIGENSCHAP?**

Je bent zorgzaam en lief.

◆ **WAT VIND JE MIJN SLECHTSTE EIGENSCHAP?**

Dat je nooit je telefoon opneemt als ik je wil bereiken.

◆ **WAT ZOU JE NOG GRAAG SAMEN WILLEN DOEN?**

Reizen en veel meer sauce-uitjes.

◆ **WAT DOE JE HET LIEFST MET MIJ?**

Naar de McDonald's gaan en geheimpjes delen.

'Naar de McDonald's gaan en geheimpjes delen'

MIJN REACTIE OP GIOVANNI EN MITCHEL

H

Haaaaai *Mitchel voice* fossielen van de stad. Jullie gaan inmiddels al een aantal partygeneraties mee en ik ben blij dat jullie er in 'mijn tijd' nog steeds zijn, haha. Behalve dat ik het heel fijn vind om met jullie te werken en jullie part of my team zijn, zijn de avondjes in de stad met jullie altijd onvergetelijk. Ondanks dat de halve stad zal zeggen dat jullie vals kunnen zijn, vind ik dat soms heel grappig en weet ik dat als jullie eenmaal iemand in jullie hart sluiten, jullie diegene altijd zullen helpen. Jullie zijn de allergezelligsten om mee te gaan stappen, maar ik vind roadtrips en nachtelijke bezoekjes aan de McDonald's ook net zo leuk met jullie. Onze 'Too Much Sauce'-chat samen met Amber doet zijn naam 100% eer aan, en ondanks dat er dingen in staan die het daglicht niet kunnen verdragen, is het wel een chat waar ik dagelijks stuk om ga. Vooral de cricket voice memo die bij het minste geringste uit de kast wordt gehaald. Ik hou ook van de manier hoe jullie met elkaar omgaan en geniet ervan, hoe slecht dat ook is, als jullie elkaar kapot irriteren. Oké, triple!

◆ **NAAM**

Maurits Delchot

◆ **GEBOORTEDATUM**

1600 voor Christus / 8 juli 1982

◆ **WOONPLAATS**

Amsterdam

◆ **OOGKLEUR**

Bruin

◆ **HOBBY**

Gamen.

◆ **LIEVELINGSETEN**

Van m'n moeder.

◆ **HOE KENNEN WIJ ELKAAR?**

Eerste albumtour van Ronnie Flex.

◆ **WAT IS ONZE LEUKSTE HERINNERING?**

1) Opgelicht worden door de ANWB. 2) Carpoolkaraoke. 3) Dat je over m'n handen heen kotste in de taxi in Lloret tijdens de zomertour.

◆ **BESCHRIJF MIJ IN 1 WOORD**

Real.

◆ **WAT VIND JE MIJN BESTE EIGENSCHAP?**

Je bent straight.

◆ **WAT VIND JE MIJN SLECHTSTE EIGENSCHAP?**

Je hebt schijt.

◆ **WAT ZOU JE NOG GRAAG SAMEN WILLEN DOEN?**

Naar een showcase van een bepaalde zanger die we altijd bashen tijdens autoritjes (maar stiekem zijn we fan).

◆ **WAT DOE JE HET LIEFST MET MIJ?**

Haten op alles en iedereen in de auto, terwijl we terugrijden van een boeking en muziek luisteren (popliedjes).

'Je bent straight, Je hebt schijt'

MIJN REACTIE OP MAURITS

Aangezien je te lui was om te reageren op mijn Whatsapp, of je a.u.b. dit lijstje in wilde vullen, hebben we het maar samen gedaan onderweg naar een boeking. Al onze herinneringen zijn amper op te schrijven, omdat ze gewoonweg niet voor ieders ogen bestemd zijn, haha. Ik kan met niemand zo lekker haten op de wereld als met jou en we nemen beiden geen blad voor de mond. Ik ben je heel dankbaar voor het feit dat je me hebt voorgesteld bij SPEC. en dat dat eigenlijk het begin is geweest van de groei van mijn carrière. Ook ben ik je dankbaar voor het feit dat je me iedere boeking weer van huis naar locatie reed en terug en me tussendoor ook nog wist te motiveren en dat ik me altijd veilig voel bij jou. Ik vind het knap hoe je als vader ook nog eens honderdduizend dingen daarnaast weet te doen. En dat je altijd vrolijk bent en je altijd je positiviteit op iedereen om je heen over weet te brengen. Je werkt nu ook al een tijdje op een groep met jongeren die het iets moeilijker hebben met opstarten in de maatschappij en ook dat vind ik erg knap van je. Als je ergens je motivatie voor verliest, weet je altijd de situatie zo te draaien dat je er weer uitdaging in ziet. Ik wens je het allerbeste!

Favorite...
FOOD

1 JWO

NIKS IS LEKKERDER DAN WAKKER WORDEN EN EEN BROODJE BIJ DE SLAGER HALEN. IN DEZE SLAGERIJ IN DE JORDAAN STAAN TWEE SUPERLIEVE MANNEN EN ZE MAKEN DE ALLERLEKKERSTE BROODJES.

2 CANNIBALE ROYALE

DE LEKKERSTE BIEFSTUK TOT NA MIDDERNACHT, OOK DOORDEWEEKS.

3 LOETJE

BIEFSTUK IN JUS, FRIET EN BROOD. TOP.

4 LOUIE LOUIE

HIER GA JE HEEN VOOR DE BESTE ZOETE-AARDAPPELFRIETJES IN AMSTERDAM.

5 IZAKAYA

VOOR DE BETERE SUSHI EN HEERLIJKE COCKTAILS IN AMSTERDAM. HET IS OOK LEUK VOOR ALLEEN EEN DRANKJE, ALLEEN IK KAN DAAR NIET NAAR BINNEN ZONDER ETEN TE BESTELLEN.

3

3

4
military deal
above 1,900
CHALLENGER

5

4

Kosmos Uitgevers en Autobahn voor het mooie boek, Alies Pestel voor de hulp bij het schrijven van de tekst, Stanley Bish als mijn steun en toeverlaat, Heel SPEC, voor alle ondersteuning, Martika de Sanders voor de prachtige foto's, Giovanni Laisina & Mitchel Gray voor de styling bij de fotoshoots, Mifa's Studio en Mitzy Mudde voor de visagie. En verder: Stanley Bish, Paola Reinders, Femke van Soest, Kaj Gorgels, Steven Appels, Dylan, Marcella Stracciatella, Patty Voll, Matthijs Geuze, Amber Wattimena, Danique, Noor de Groot, Sander Kleinenberg, Bibi Kleinenberg, Lars Veldwijk, Kiana Cova, Anthea, Giovanni Laisina, Mitchel Gray en Maurits Delchot voor jullie bijdrage aan het Vriendenboekje.

◆ FOTOVERANTWOORDING

Martika de Sanders: omslag, 2, 6, 11, 35, 46, 87, 93, 99, 100, 118, 120, 127, 133, 189
David Dijkhoff: 111

Overige foto's: Akasha spa: met dank aan het Conservatorium hotel / ByDanie: met dank aan ByDanie / Café George: met dank aan Café George Amsterdam / Cannibale Royale: met dank aan Cannibale Royale Ruysdaelkade / FG: © Jan Bartelsman / George: met dank aan George W.P.A. / Izakaya: © BySam / Jimmy Woo: © Jakob van Vliet / JWO: Copyright 2017 © JWO Lekkernijen / Loetje: met dank aan Loetje Groep BV / Louie Louie: met dank aan Louie Louie / MostwantedNL: © MostwantedNL / Nobu: © Courtesy of Nobu Restaurants / Palladium: met dank aan Palladium, © NDSigned / Restaurant RED: met dank aan Van der Valk Hotel Apeldoorn – de Cantharel / Rollende keukens: met dank aan Rollende keukens, © Marjolein van der Klaauw / Teds place: met dank aan TEDS 2016 / W hotels: 2015-2017 Marriott International, Inc. All rights reserved